EUGÊNIO BUCCI

A forma bruta dos protestos

Das manifestações de junho de 2013 à queda de Dilma Rousseff em 2016

Copyright © 2016 by Eugênio Bucci

Grafia atualizada segundo o Acordo Ortográfico da Língua Portuguesa de 1990, que entrou em vigor no Brasil em 2009.

Capa
Juliana Altoé

Foto de capa
© EVARISTO SA/ AFP/ Getty Images

Preparação
Amanda Lenharo di Santis

Revisão
Isabel Cury
Marise Leal

Dados Internacionais de Catalogação na Publicação (CIP)
(Câmara Brasileira do Livro, SP, Brasil)

Bucci, Eugênio
A forma bruta dos protestos: Das manifestações de junho de 2013 à queda de Dilma Rousseff em 2016 / Eugênio Bucci. — 1ª ed. — São Paulo: Companhia das Letras, 2016.

Bibliografia
ISBN 978-85-359-2810-5

1. Ação direta 2. Movimentos de protesto 3. Movimentos de protesto – Brasil 4. Movimentos sociais 5. Movimentos sociais – Brasil 6. Rousseff, Dilma, 1947- I. Título.

16-07066	CDD-981

Índice para catálogo sistemático:
1. Brasil : Movimentos sociais : História social   981

[2016]
Todos os direitos desta edição reservados à
EDITORA SCHWARCZ S.A.
Rua Bandeira Paulista, 702, cj. 32
04532-002 — São Paulo — SP
Telefone: (11) 3707-3500
Fax: (11) 3707-3501
www.companhiadasletras.com.br
www.blogdacompanhia.com.br
facebook.com/companhiadasletras
instagram.com/companhiadasletras
twitter.com/cialetras

Para os amigos do Círculo de Tiradentes, meus mestres

Tudo o que era vivido diretamente tornou-se uma representação.

Guy Debord, *A sociedade do espetáculo*

Sumário

Prefácio — *Sobre uma imobilidade agitada*,
Adauto Novaes 11
Apresentação 15
O prazer do insulto público 21
As perguntas deste ensaio 29
O ato quer ser fato 38
Mas o que fazer com essa linguagem (e esses fatos)? ... 43
Valentias performáticas 46
A métrica da violência em dois editoriais 54
As ruas no cume do olhar 61
Um filme de terror nas esferas públicas interconectadas ... 68
O divórcio temporal entre a língua do Estado
e a da sociedade 71
Do *Diário Oficial* à rede social 78
O mundo da vida, que tudo arrasta 88
Outra mídia é possível? 93
A estética pedestre 98
Nada a ver com arte (nem com teoria da arte) 104

Radicalismo político ou esporte radical? 110
Signos truculentos 115
O perverso gozo estético 125
Olhar é trabalhar 136
E veio vindo a Lava Jato 141
Eleições de mentira 144
Um rio se parte em dois 149
O ego, o self e o pau de selfie 152
O muro de Brasília 156
Conclusão em gerúndio 163
Agradecimentos 173
Crédito das imagens 175

Sobre uma imobilidade agitada

Adauto Novaes

Eis um ensaio que nos espanta pela descrição da desordem da inteligência e pelo curioso contraste provocado pelo prodigioso desenvolvimento técnico e as condições artificiais, arcaicas e espetaculares das ações políticas. O domínio da técnica, que nega espaço ao pensamento e que transformou a política em espetáculo, leva à perda dos fundamentos políticos, isto é, daquilo que a filosofia política criou e recriou ao longo da história como resposta às interrogações levantadas pelo advento da sociedade. Houve um momento em que a política buscava uma relação com os princípios teóricos, até mesmo para negá-los. Hoje, vivemos aquilo que já se definiu como "o princípio do sem princípio". Ao refletir sobre os movimentos políticos de nossa época, o autor recorre a uma refinada análise da linguagem mostrando o absurdo de palavras e imagens que muitas vezes foge à nossa percepção. O espanto de não percebermos, no nosso cotidiano, o quanto somos personagens de um espetáculo burlesco, sinistro e insuportável vai muito além das manifestações de 2013, ponto de partida das laboriosas análises de Eugênio Bucci. Elas revelam as transformações

— e também as fragilidades — da política que estão a pedir outras formas de análise. Na base desse espetáculo, como ele define, estão as noções de veloz e volátil que dominam hoje todas as áreas da atividade humana. Eis a hipótese sugerida ao longo do ensaio: as manifestações de 2013 excluíram, por princípio e por definição, as ideias de organização e de estratégia política, que o momento pede, em troca de um voluntarismo decadente. Mundo do egoísmo organizado, como definiu Robert Musil. No livro *A situação da classe trabalhadora na Inglaterra*, Engels já antecipava o que acontece hoje nas grandes cidades: "A desagregação da humanidade em mônadas, onde cada um tem um princípio de vida particular e um objetivo particular, leva a atomização do mundo ao extremo". Esquece-se assim a necessidade da vida em comum e se desfazem os vínculos entre os indivíduos. As ações tornaram-se espetáculos particulares que jamais poderiam ser retomados pelo conjunto das classes em luta, uma vez que essa não era a intenção do movimento. Movimento, pois, que pede imobilidade. Bucci ilustra com o curioso diálogo entre manifestantes, publicado pela *Folha de S.Paulo*: "Botamos o Choque para correr, minha linda", diz o manifestante, em tom triunfal, em conversa grampeada pela polícia. "Foi muito lindo, amor, [você] perdeu."

A fragilidade de ações desse tipo nos leva à velha máxima dos humanistas: a violência está nos impulsos e na ausência dos princípios fundamentais que podem orientar as ações. A barbárie é a era dos fatos, escreve o ensaísta Paul Valéry. Nenhuma sociedade se organiza e é estruturada sem o auxílio das *coisas vagas*. Por *coisas vagas* devemos entender os ideais políticos, as utopias, os movimentos imaginários de transformação que dão sentido à multiplicidade das formas sociais particulares, em oposição ao positivismo superficial dos indivíduos. Mais: movimentos regidos apenas por uma mobilidade agitada transformam a linguagem em "intermediário, sem valor próprio e que desaparece inteiramente depois de realizada sua função". É a redução radical da linguagem e do saber, como se pode ler hoje na imprensa, ao simples poder das palavras.

O livro dedica-se, pois, em grande parte, à análise da linguagem, que é afetada, de forma radical, pelo espetáculo. A linguagem deixa de ser a grade de significações e signos que agem de maneira criativa sobre o conjunto dos acontecimentos e sobre aquilo que já foi pensado e se transforma em espetáculo midiático. As ideias de espaço e principalmente de duração das palavras e imagens esquecem o tempo do vago e lento para cultivar a era de transformações aceleradas e instáveis. Pensemos, não como simples *boutade*, o que diz Wittgenstein: "na corrida do pensamento ganha aquele que correr mais lentamente ou aquele que chegar por último". A imagem que Paul Valéry usa para distinguir a fala cotidiana da palavra pensada vai nesse sentido: "a linguagem comum é como uma prancha frágil de que nos servimos para atravessar um abismo e que se romperia se decidíssemos dançar sobre ela. Pode-se servir dela apenas o tempo necessário para atravessar. Este tempo é o mais breve". Portanto, as palavras que usamos a cada instante aparecem como claras e imediatas até o momento em que decidimos fazer um trabalho de pensamento sobre elas, dançar sobre a prancha. Para o senso comum, nesse movimento, elas se tornam obscuras e confusas: "o que é claro como *passagem* é obscuro como *morada*. A reflexão as embaralha". É certo que as palavras têm um papel transitivo e provisório, uma "não linguagem", como diz o poeta, mas resta ao trabalho do pensamento dar sentido às imagens e ações. Aquele que pretende pensar os acontecimentos pede o tempo lento da reflexão, abolido pela rapidez mecânica. Em outro fragmento de seus famosos *Cahiers*, Valéry conclui:

A linguagem — tal como existe no homem civilizado — é uma organização dentro de uma organização... Ela se faz segunda natureza e contribui para a miragem, multiplicando as funções da consciência. Graças a ela, a consciência torna-se instrumento; ela se torna também terreno comum para diversos indivíduos. Ela cria uma memória de novo gênero.

O espírito — potência de transformação — torna-se coisa supérflua, conclui o poeta com certo pessimismo, uma vez que o mundo contemporâneo, dominado pelo espetáculo, se basta com a *passagem* veloz sobre os acontecimentos, abolindo a memória e a história. Lemos o ensaio de Bucci como um belo exercício de linguagem indireta para falar da crise do pensamento e das mutações políticas.

Apresentação

A força é bruta
E a fonte da força é neutra
E de repente a gente poderá
Realce,
Realce
Quanto mais purpurina, melhor
Gilberto Gil, "Realce"

Segundo análises correntes, a força que ejetou Dilma Rousseff do Palácio do Planalto em 2016 teve origem nos resultados das investigações de corrupção em seu governo, no esfacelamento da base parlamentar, nos efeitos desestruturantes de sua política econômica (que sofreu uma guinada oposta à que foi prometida durante a campanha eleitoral de 2014) e em sua inquebrantável inépcia para a arte de liderar e para a ciência de administrar. A combinação de tais fatores teria erodido a sustentação política da presidente, inclusive entre seus eleitores e, mais ainda, dentro do Partido dos Trabalhadores.

Sem rejeitar essas análises, este livro considera uma perspectiva distinta. Vista para além do plano imediato, a força que determinou o afastamento de Dilma — alavancada pelas denúncias de corrupção, pela decomposição da base do governo no Congresso etc. — tem raiz em outra fonte: junho de 2013. Nas manifestações de massa daquele mês, uma energia nova e inesperada se aglutinou, ganhou densidade e explodiu numa concentração de tempo político. O copo da paciência popular transbordou. Os protestos de rua se alastraram pelo país como um incêndio que fazia crepitar o chão, transformando em cinzas a empáfia do proselitismo oficial, e em fumaça o lero-lero demagógico das oposições convencionais. A pancada atingiu o cerne do discurso do governo federal, que balançou na hora, de forma apalermada, sem saber como reagir, mas demorou para ir a nocaute. Passados três anos, em 2016, após o crivo das eleições, a presidente veio abaixo.

Junho de 2013 trouxe uma agenda inédita. Seu momento zero foi o rechaço ríspido contra a surdez do Estado. Eclodiram juntos a reprovação moral (e moralista) contra a impunidade da corrupção generalizada e o cansaço furioso contra a péssima qualidade dos serviços públicos. Em 2016 — e nisso as análises correntes têm razão —, os fatores imediatos que derrubaram a presidente foram mesmo as revelações de malversação do erário em seu governo, a incompetência no trato com o Parlamento e a recessão causada pela política econômica errática e fraudulenta, mas o empuxo do descontentamento vinha de 2013.

Ainda quanto aos fatores imediatos, é justo registrar que os analistas mais atentos não fazem concessões ao cinismo de dizer que a derrocada do governo petista se deveu às pedaladas fiscais, pois sabem muito bem que essa acusação não passou de pretexto formal. Eles também não embarcaram de modo acrítico nas teorias conspiratórias de que um "golpe das elites", repentino e vil, teria apeado do poder a primeira mulher a presidir o país, que teria caído por ser indefesa e por estar desavisada. O Congresso Nacional se comportou muito mal durante o processo de impeachment, é verdade, dando lugar a manobras e torções regimentares que tiveram, em algumas passagens, o aspecto formal de farsa jurídica, mas os observadores mais atentos sabem que, durante treze anos e cinco meses, o Partido dos Trabalhadores — primeiro com Lula, depois com Dilma — ocupou a presidência da República sob aplausos bem remunerados da elite financeira do Brasil, sem falar na euforia dos lobistas das empreiteiras. Ainda que os pobres tenham tido benefícios nesses treze anos, se alguém lucrou pra valer, foram as alegadas elites.

Dilma já não dava conta do serviço (inclusive do serviço que os mais ricos recebiam dela) e por isso foi demitida do (e pelo) poder. É claro que a chaga da ladroagem, o limbo do desgoverno e a crise econômica desfecharam sua queda, mas a curva irrecorrível do declínio tinha começado três anos antes. Os protestos, com seu tranco duro, vaticinaram o que estava por vir. A primeira infelicidade de Dilma Rousseff foi não ter compreendido a mensagem. Ela não aquilatou corretamente o alcance daquela energia, que seguiria — e ainda segue — açoitando a máquina pública encarquilhada e os políticos profissionais especializados em parasitá-la.

Chegamos então à pergunta inevitável: por que a presidente não entendeu nada? Aliás, a mesma pergunta poderia ser dirigida aos adversários dela: por que os partidos de oposição também não entenderam nada, ou quase nada?

A resposta inicial é simples. Em parte, ela não entendeu porque, hoje se sabe, a trama de compromissos que a amarrava a um modo arcaico de produção de lucro, com base na promiscuidade entre o público e o privado, não lhe dava espaço para processar a política a partir de paradigmas menos antiquados. Ela simplesmente não tinha margem para sequer considerar a possibilidade de mudar de conduta.

Além disso, mesmo que houvesse alguma margem para mudanças, faltava à presidente e ao seu grupo político o repertório para compreender as multidões de junho de 2013. Nem ela nem seus assessores entendiam a língua dos protestos, que, aos ouvidos do poder, falavam grego — o grego da praça Syntagma, sede dos protestos em Atenas. Com os partidos de oposição acontecia o mesmo. Todos boiaram. Tentar se aproximar daquele novo idioma dos protestos exigiria dos profissionais da velha política (o PT entre eles) a audácia de pôr em questão a própria categoria teórica de partido (o que abriria um vazio traumático em seus ideários); de pôr em questão o pressuposto de que tinham controle sobre a formação da opinião e da vontade dos cidadãos e de que dirigiam a sociedade de seus aparelhos. O mais difícil de tudo é que os políticos teriam que abrir ao público suas caixas de segredos: a caixa um, a caixa dois e as outras, em que escondiam os protocolos de seus métodos clandestinos. Para eles, entender as ruas significava despir-se do hábito. Não daria pé.

Prisioneiros de suas circunstâncias, o governo, seu partido e os partidos da oposição não perceberam que a chave da política não bastava para interpretar a situação e para dialogar com as ruas; não notaram que, além da chave da política, precisariam acionar outra chave, a da cultura.

Junho de 2013 rompeu as fronteiras da política (ou da linguagem meramente política) para configurar um acontecimento que se impôs no campo da cultura, com potencial de transformar também a cultura política.

Por meio dessa outra chave, pode-se divisar a dimensão estética daquelas grandes mobilizações. Aí o modelo de análise se complica um pouco, quer dizer, com base nessa nova chave, é preciso abandonar a resposta simples e enveredar pela complicada.

A chave da cultura, nesse caso, é traiçoeira, caprichosa e arredia; tenta lidar com imagens que se desfazem como nuvens, com miragens ideológicas inebriantes, com formas comunicativas incoerentes e inconclusivas; abre janelas para o espetáculo fincado dentro da luta política e para o capital volátil que comparece à estética das passeatas. Não se trata de um exercício analítico linear, previsível e seguro. Falar de linguagem, estética e violência nos protestos, a partir de junho de 2013, significa aceitar riscos, mais ou menos como tentar ler o que ninguém escreveu e embaralhar as cartas em que os partidos políticos costumavam ler a própria sorte e, principalmente, a sorte dos outros. Entrar nesse terreno é entrar em jogos de espelhos para encontrar terra firme no espaço vazio. É definitivamente complicado. Mas, se o desafio é entender o que houve e segue havendo, não há como evitar o percurso.

A despeito de seu objeto arredio, este livro procura cumprir o dever de expor as ideias com clareza. No entanto, o emprego de conceitos pouco triviais, de natureza intrincada e labiríntica, dificulta o processo. Os referenciais teóricos que se fizeram necessários vão da linguística à estética, passando por elementos da teoria psicanalítica, que não são exatamente corriqueiros. A malha conceitual mobilizada aqui pode por vezes conspirar contra a clareza. Com efeito, como ser límpida uma prosa que salta de um paradigma para outro, sem escalas intermediárias? Como ser fácil a crítica que examina o choque entre duas temporalidades, a do Estado, burocratizado e lento, e a das esferas públicas, interconectadas pelas redes digitais na velocidade da luz? Como ser acessível ao discorrer sobre a imagem como signo, com seus léxicos alterados? Como ser didático o texto que procura sentido contemporâneo — simultaneamente imaginário, econômico, político e estético — para a expressão *valor de gozo*, cunhada por Jacques Lacan ainda nos anos 1960?

Em função disso, é bom avisar logo, haverá capítulos menos hospitaleiros ao longo da travessia. A vantagem é que esses capítulos estão mais na parte final do livro. Para evitar que as muralhas do obscuro e as pedreiras teoréticas abatessem o leitor nas primeiras páginas, a montagem deste livro deixou as abordagens mais áridas para o final. No começo, o estilo é mais jornalístico. Com uma ponta de boa vontade, pode-se percorrer a primeira metade sem se aborrecer com pontos cegos e vácuos sintáticos. O ponto de partida são fatos familiares a todos nós: a história recente dos protestos de rua no Brasil. Só depois, à medida que a decupagem dos acontecimentos requisita conceitos menos comezinhos, a abstração será chamada a abrir claros na exposição. O leitor haverá de se sentir interpelado a empenhar mais atenção ao pensamento. Com algum esforço, é possível que não se frustre.

Como já deu para notar, este é um trabalho ambicioso. A seu favor, diga-se que é também um trabalho consciente de suas limitações — teóricas, inclusive. Dentre tantos riscos enfrentados, o maior é certamente a velha história da *politização da estética* e da *estetização da política*, que facilmente descambam para o fanatismo, a irresponsabilidade social e o obscurantismo. O presente ensaio não vai por aí. A hipótese que o anima não tem nada a ver com a tentativa de promover uma "estética" dos protestos. Longe disso, ela brota da desconfiança de que fenômenos próprios da linguagem — e da estética, como linguagem especializada naquilo que se inscreve na ordem do sentir — explicam, ao menos em parte, o desenrolar arrebatador das manifestações de junho de 2013 e seus ecos fulminantes no presente. É por essa senda que o presente estudo se esgueirou. Se o prenúncio dessa trilha acende a sua curiosidade, este livro foi escrito para você.

O prazer do insulto público

O enfrentamento (violento) entre signos começa a se esboçar, e os manifestantes se deliciam

A partida que abriu a Copa do Mundo de 2014, entre Brasil e Croácia, marcou a inauguração oficial da Arena Corinthians, em São Paulo. Foi no dia 12 de junho. Construído no bairro de Itaquera (de onde lhe sobrou o apelido de "Itaquerão"), na periferia profunda, o estádio estava prontinho para ser palco de um show globalitário. A arena ideal: com a pobreza no entorno servindo de moldura para a celebração bilionária, o governo brasileiro esperava ficar bem na foto.

Mas, naquele feriado de quinta-feira, 12 de junho, a pobreza e as veleidades governamentais acabaram ficando de escanteio. A festa tomou um rumo que não estava no programa. Quando os jogadores se perfilaram no gramado para a execução dos hinos nacionais, antes do pontapé inicial, tudo parecia dentro do normal. Também não foi surpresa quando chegou a vez do hino do time da casa e a massa nas arquibancadas se pôs de pé e cantou a letra inteirinha, à revelia do playback protocolar da Fifa, que se limitava aos compassos da primeira parte da música. Não era novidade que a plateia entoasse a segunda parte aos brados retumbantes, cantando a capela, como se dizia, depois de encerrados os acordes nos alto-falantes. A mesma cena já vinha acontecendo em outros jogos da seleção em estádios brasileiros. Até então, a coisa não ia mal.

De repente, outra demonstração de impacto, bem menos edificante, surgiu para atrapalhar a pose. As mesmas vozes que reverenciaram o rebuscamento empolado dos versos de Osório Duque Estrada agora se entregavam à rispidez do palavrão infamante. Bastava a imagem da presidente da República aparecer nos telões para que os espectadores urrassem num uníssono bem ritmado: "Ei, Dilma, vai tomar no...! Ei, Dilma, vai tomar no...!". Quem esteve no meio da multidão conta que os presentes não escondiam o prazer, ou mesmo o júbilo, de dirigir o palavrão à pessoa da presidente da República. Foi uma diversão à parte, embora o quadro nacional inspirasse temores.

A presidente estava na tribuna de honra e fez cara de enfado. Ao lado dela, representantes de outras nações pediam aos tradutores que explicassem o que é que aquele coro queria dizer. Foi chato. O show que deveria ser encenado na periferia profunda começava a encruar.

Bem se sabe que, num campo de futebol, o baixo calão faz as vezes de norma culta. De comentaristas esportivos a treinadores e árbitros, todo mundo já foi xingado pela torcida. Mas aquela tarde foi pior. Para começar, aquele não era um jogo qualquer. A cerimônia se revestia dos protocolos de um ato de Estado e era transmitida ao vivo para audiências de todo o planeta, com um número estimado de 3,2 bilhões de telespectadores.* Fora isso, o

---

* Esse número, de 3,2 bilhões de espectadores, é informado pelo Ministério do Turismo para o conjunto de jogos da primeira fase da Copa do Mundo de 2014. Na partida de estreia, 42,9 milhões de brasileiros estavam ligados na tela da Globo, detentora exclusiva dos direitos de transmissão. Ver: PORTAL BRASIL,

alvo do insulto era ninguém menos que a presidente do Brasil, país-sede do campeonato.

O corte de classe também foi chocante. A massa boquirrota que impunha o constrangimento à tribuna de honra era composta de sobrenomes quatrocentões, potentados diversos, socialites riquíssimas e playboys sorridentes. Quem bradava em volta do gramado não era o populacho, mas a tal elite brasileira, em pleno gozo da linguagem ultrajante. A classe dominante lavava sua roupa suja na frente do mundo inteiro. Barraco de luxo. Barraco total.

Para além da pirraça política, da rusga, da fustigação, o que estava em cena na abertura da Copa do Mundo no Brasil era uma disputa simbólica em torno das imagens identitárias da nação. A guerra das imagens não poderia ter sido mais explícita. A reverência exibicionista do público diante do hino contrastava com o desprezo desbocado diante da presidente da República. O hino era reivindicado como um objeto de adoração; a presidente era ofendida como um entulho a ser cuspido fora. Para fazer o clima pesar ainda mais, aquele mal-estar nacional não se limitava aos domínios do estádio. Manifestações públicas contra o governo eram ensaiadas por toda a parte. O Itaquerão emoldurou uma contundente caricatura do Brasil naquele mês de junho, em que o amor ao hino e a repulsa à presidente se sobressaíam como unanimidades.

Ao ser xingada daquele modo diante dos olhos e dos ouvidos do mundo, Dilma Rousseff foi exposta de forma vexatória. Em diversas cidades brasileiras, pequenos grupos se juntavam para protestar com a palavra de ordem "Não vai ter Copa". Que não colou, mas assustou. Movida não por colunáveis VIP, mas por

---

"Audiência de TV no exterior bate recorde na Copa", Brasília, 25 jun. 2014. Disponível em: <http://www.brasil.gov.br/turismo/2014/06/audiencia-de-tv-no--exterior-bate-recorde-na-copa>. Acesso em: 18 maio 2016.

uma juventude que se identificava como ativista, anarquista, e até mesmo comunista — embora também de classe média —, a campanha do "Não vai ter Copa" foi um tiro n'água, mas tirou o sono do poder público, que não queria correr o risco de subestimar o potencial de estrago da multidão enfurecida.* Ninguém tinha esquecido o trauma do ano anterior. Em junho de 2013, um ano antes de o vozerio do Itaquerão mandar a presidente "tomar no…", outro estádio de futebol tinha sido descortês com a mesma Dilma Rousseff. Precisemos a data: foi no dia 15 de junho de 2013. A torcida que lotava o Mané Garrincha, no Distrito Federal, na abertura de outro campeonato mundial de futebol, a Copa das Confederações, também cantou o hino a capela. Em seguida, os presentes não xingaram a presidente de modo tão vil, mas lhe pespegaram uma vaia sólida, inesquecível.

Num improviso patético, Joseph Blatter, presidente da Fifa, arriscou um discurso em defesa da chefe de Estado. Sua voz hesitante foi sufocada por mais vaias.

Se junho de 2014 era tenso, o mês de junho de 2013 tinha sido de quase desespero. Foi um solavanco que ninguém previra, uma sucessão de manifestações-monstro que parecia não ter mais fim. Num único dia, 20 de junho de 2013, foram contabilizados 1,25 milhão de brasileiros raivosos marchando pelas principais avenidas de 388 cidades do país. As autoridades não tinham ideia de

---

* Um indicador dessa tensão foi a ação policial do dia 22 de fevereiro de 2014, quando, na maior operação contra os manifestantes que gritavam "Não vai ter Copa", a Polícia Militar de São Paulo (PM-SP) deteve 230 pessoas. As técnicas usadas pelos policiais, que foram apelidados de "ninjas", título até então monopolizado pelos ativistas anticopa, também surpreendeu. Ver: Bárbara Ferreira Santos; Fábio Leite. "Megaoperação da PM usa pelotão ninja, isola black blocs e prende 230". *O Estado de S. Paulo*, São Paulo, 22 fev. 2014. Disponível em: <http://sao-paulo.estadao.com.br/noticias/geral,megaoperacao-da-pm-usa-pelotao--ninja-isola-black-blocs-e-prende-230,1133414>. Acesso em: 18 maio 2016.

onde aquilo ia parar. Pior do que isso — o que as afligia ainda mais — eram a incredulidade e a incompreensão que as assaltavam diante das cenas dos protestos. Elas não conseguiam compreender como é que a fúria tinha começado. Sem que elas entendessem coisa alguma, o quadro se complicava dia após dia, deixando um rastro pesado de desmoralização do Estado, depredações generalizadas — e mortes.

O trauma de 2013 revestia de um caráter um tanto aterrorizante a tarde de 12 de junho de 2014, no Itaquerão, em São Paulo. Os poderes da República não suportavam a ideia de que 2014 reeditasse 2013. Os encarregados da segurança pública trabalhavam em alerta máximo. Recrutas do Exército trafegavam pelas ruas, aos montes, em prol da ordem, da disciplina e do reforço ao policiamento ostensivo. As tropas nas ruas, por si mesmas, eram um show à parte dentro do show da Copa. Eram os leões de chácara da Fifa, explicitando a forte disposição do poder de partir para as vias de fato. As verdes legiões escorrendo pelas ruas eram um discurso visual ostensivo em alto volume: se necessário, o poder usaria a força. O governo não queria facilitar. Seria duro e, como prova antecipada disso, queria parecer duro. Nada de bancar o frouxo diante das câmeras. Os militares, os delegados de polícia e os ministros falavam como xerifes.

No mesmo diapasão, o Ministério Público e o poder judiciário queriam mostrar que não hesitariam em reagir, principalmente aos black blocs, aos quais chamavam de "vândalos", pois estes cobriam o rosto para atirar paus e pedras contra a polícia e promover quebra-quebras. Se havia ódio no ar, nos estádios e nas ruas, o poder estava pronto para responder com mão pesada. Na espuma luminosa dos telejornais, chamavam para si o papel de senhores da ordem.

O país seguiu nervoso naquele junho de 2014. No dia 23, onze dias depois da abertura da Copa no Itaquerão, dois jovens foram presos durante um protesto na capital paulista: o estudante e funcionário da USP Fábio Hideki Harano, de 26 anos, e o professor de inglês Rafael Marques Lusvarghi, de 29, foram acusados, entre outros crimes, de portar bombas incendiárias. Em resumo, eram acusados de ser black blocs, muito embora o direito positivo não previsse o tipo penal de nome "black bloc". Ser black bloc era visto como possível conduta criminosa no plano das representações midiáticas, mas não na letra da lei. Fábio e Rafael ficaram presos por um bom tempo, o que teve repercussão considerável nas páginas dos jornais. Só tiveram a prisão preventiva revogada no dia 7 de agosto, quando ficou demonstrado que não portavam nenhum artefato explosivo. A perícia policial precisou de um mês e meio para constatar que os materiais encontrados com eles no dia da prisão não eram inflamáveis e, portanto, não poderiam servir para fins de bombardeio.

A segurança pública do Rio de Janeiro também quis mostrar serviço durante a Copa. No dia 18 de julho, o Tribunal de Justiça do estado decretou a prisão preventiva de 23 ativistas acusados de formação de quadrilha armada e de ser black blocs, todos eles. Alguns foram dormir na cadeia. A notícia explodiu rapidamente nos jornais e nas redes sociais. Segundo a denúncia oferecida pelo Ministério Público, o grupo — que estava sob investigação desde 2013 — estaria empenhado em promover manifestações violentas, com o emprego dessas pequenas garrafas incendiárias conhecidas pelo apelido de "coquetel molotov". Somente cinco dias depois da prisão, no dia 23 de julho, o desembargador Siro Darlan, considerando as provas insuficientes, concederia a eles o habeas corpus.

Outra vez, aí, o prazer dos que protestavam às vezes se declarava. Entre hematomas, xingamentos e bombas (caseiras ou não, imaginárias ou não), os manifestantes se deliciavam. Naqueles dias, entre a prisão e a soltura dos acusados de ser black blocs no

Rio de Janeiro, circulou nos órgãos de imprensa a transcrição de conversas telefônicas em que eles falavam sobre confrontos com a polícia. Nas transcrições, havia menções à confecção de "drinques", referência dos réus aos coquetéis molotov, segundo alegaram as autoridades. Havia ainda diálogos mais efêmeros, aparentemente inofensivos, mas muito, muito mais significativos. No dia 24 de julho, uma quinta-feira, na mesma edição cuja manchete principal era a morte do escritor Ariano Suassuna, a *Folha de S.Paulo* trouxe um artigo de Alan Gripp* em que apareceram dois trechos interceptados pela escuta policial. Gripp destaca uma das falas: "'Botamos o Choque para correr, minha linda', diz o manifestante, em tom triunfal, em conversa grampeada pela polícia. 'Foi muito lindo, amor, [você] perdeu.'". Em seguida, o articulista esclarece: "O rapaz se referia ao episódio que acabara de ser exibido numa reportagem de TV, no qual um grupo de 'black blocs', ele incluído, ataca PMs da Tropa de Choque do Rio com coquetéis molotov".

Para as autoridades, a ideia de aparecer bem na foto — quer dizer, aparecer bem na cobertura midiática da Copa do Mundo e do entorno dela — era uma obsessão tirânica. Dilma Rousseff, os governadores, os juízes, os promotores, os ministros, os prefeitos e os coronéis da Polícia Militar e do Exército não pensavam em mais nada que não fosse prometer pulso firme. Para eles, o sucesso da Copa e o desempenho do governo eram uma questão de imagem. O resto seria consequência. Para os homens e as mulheres do poder, governar é uma forma de representação, governar não é cumprir um dever, mas representar o cumprimento do dever.

Para os manifestantes ao telefone, a perspectiva não era muito diferente: contestar também é representar — representar o exercício não mais do poder, mas de uma estranha beleza. Nas

---

* Alan Gripp, "Um drinque no inferno". *Folha de S.Paulo*, São Paulo, p. A2, 24 jul. 2014.

curtas falas capturadas pela escuta policial, os embates corporais com as tropas do Estado não eram descritos como eventos próprios da ação política, nem mesmo como episódios militares ou marciais. Ao dizer "foi muito lindo, amor", a voz grampeada fazia alusão à beleza do ato de protesto. Ele parecia falar de um filme de ação que lhe dava um prazer intenso, ou de um sonho inebriante, sublime. O que ele dizia, talvez sem se dar conta, é que o exercício aeróbico de atirar pedras em policiais fardados se desenvolvia no plano da estética. O protagonista do quebra-quebra dá um depoimento de quem experimentou um gozo estético.

Dessa fala descuidada e espontânea, depreende-se que, além da violência que tem lugar na linguagem falada e escrita (a começar do palavrão que fere a integridade moral da vítima), haveria uma violência performática que evolui como linguagem visual no teatro das ruas. Ao menos na opinião de quem disse essa frase à toa, a força bruta dos protestos engendra a forma bela. "Muito lindo, amor."

A frase à toa é também uma frase lapidar. Involuntariamente lapidar. Deixa patente que, na vivência de pelo menos alguns dos protagonistas, os protestos de rua se desenrolam como atuação cênica à frente das câmeras. Mostra que existiria um excedente selvagem dessa representação: o excedente que vaza como violência e que se vê como show marginal, ou mesmo como arte. O confronto que eles tinham vivido diretamente era, acima disso, vivido como representação. Para seu deleite, para o seu gozo.

As perguntas deste ensaio
Em que termos linguagem e violência se articulam nos protestos?

O apego à razão tem nos levado a crer que é por meio da linguagem que a civilização suplanta a barbárie. Acreditamos que a guerra principia onde o diálogo fracassa e que a paz só se constrói pela boa comunicação entre as partes. Entretanto, sem prejuízo dos ideais pacifistas fundamentados no diálogo, somos obrigados a admitir a contrapelo que não apenas pode haver violência *na* linguagem como a violência também se articula *como* linguagem, mesmo quando não lança mão de palavras, mas de atos.

Entre tantas evidências, os protestos de rua têm dado curso a essa comprovação. Neles, as evoluções gestuais dos presentes aludem a formas indicativas de violência (um soco no ar, típico dos que gritam palavras de ordem, não atinge o rosto de ninguém, mas encena a disposição de esmurrar o oponente). Neles, também, por vezes a violência transborda da encenação — plano em que ela não é física, mas apenas uma representação — e escorre pelas ruas, como violência de fato. A violência se converte na linguagem visual das passeatas e, também, a linguagem visual das passeatas se converte em violência — e essa violência continua sendo uma forma de comunicação.

Desde o século XIX — e, de modo mais acentuado, desde meados do século XX —, os protestos de rua se diferenciaram como um recurso a mais a serviço da propaganda política na cidade, mobilizando códigos que fazem alusão à violência e, em tensões extremas, são violentos em si mesmos, seja da parte dos que protestam, seja da parte dos que tentam reprimi-los. E mesmo aí, mesmo quando evoluem para escaramuças mais ou menos ásperas, mais ou menos desabridas, os protestos *são* comunicação. Um certo grau de violência, neles, funciona como publicidade. No rumor dos protestos, a violência é linguagem.

Marchando nas ruas, grupos afirmam suas causas como quem afirma a própria existência. Parecem dizer "nós existimos", "fazemos diferença", "temos o direito de ser ouvidos e vistos na paisagem urbana". A partir das ranhuras da cidade, projetam mensagens em signos que combinam palavras, imagens e coreografias próprias que podem incluir a pancadaria e escorrem nas praças e avenidas não como selvageria desgovernada — mas como linguagem. Os protestos assumem a forma de precipitados sígnicos líquidos em contraste direto com as cristalizações fixas do espaço urbano, como uma estátua, um monumento ou uma catedral.

Ocorre que essas cristalizações fixas do espaço urbano são, elas também, linguagem. Observemos que a ordem urbana conforma, contém e expressa, ela também, uma linguagem própria, igualmente mediada por imagens. Das placas de trânsito às antenas luminosas que sinalizam a proximidade do aeroporto para os aviões, do traçado amplo das vias de alta velocidade às conexões elétricas ou digitais, quase microscópicas, dos fios subterrâneos, essa ordem obedece a protocolos linguísticos bem estabelecidos e, não nos esqueçamos, globalizados. As cidades, não importa o país, parecem falar uma mesma "língua" ordenadora. Resultam de um complexo de signos interconectados uns aos outros em circuitos pelos quais os sentidos sociais se processam e se firmam, o que faz da urbe uma planta linguística.

O "pulo do gato" dos protestos de rua está nisso: eles compreenderam intuitivamente a gramática dessa urbe como linguagem e aprenderam a problematizá-la, a sabotar o fluxo de sentidos que aí tem lugar; atuam como um *vírus* contradiscursivo.* Como num curto-circuito provocado, como numa disfunção, os protestos desorganizam o ordenamento linguístico urbano para tornar visível a dissidência. Ao problematizar a "língua" ordenadora da cidade, eles "enfartam" o fluxo dos sentidos na planta urbana para atrair olhar, pois só quando atraem olhar cumprem a meta de se afirmar como crítica do poder. A linguagem que eles falam, então, é uma contralinguagem (contradiscursiva) em relação à linguagem ordenadora. Os protestos de rua só podem falar sua contralinguagem se forem vistos e, mais ainda, se forem vistos como postulam ser vistos (o que, aparentemente, é a mesma coisa, mas não é).

Falando a contralinguagem, as manifestações só podem ser "do contra". Manifestações "a favor", ainda que ocorram — desde a Alemanha nazista, a Itália fascista e a União Soviética —, encerram um contrassenso, uma vez que se esvaziam de qualquer impulso de insubordinação e se empenham em corroborar a ordem posta no espaço em que se movem. Manifestações a favor da ordem não expõem carências, não escancaram contradições, não movem o conflito e não são notícia. São paradas militares em trajes civis; incensam o poder e entoam o seu latido.

Manifestações a favor são tão inócuas como um sujeito que se põe, em voz alta, a concordar consigo mesmo. Só invade uma

---

* Os termos "contra-hegemônico" ou "anti-hegemônico" são comumente empregados, mas carregam um sentido valorativo que escapa às modestas pretensões deste ensaio.

propriedade quem não é o dono dessa propriedade. Só ocupa uma praça pública, em tom de fala ríspida, quem se sente desprezado pelos gestores dessa mesma praça pública. Um proprietário de imóvel não promove uma invasão ou ocupação da sua própria residência quando adentra a porta principal com a chave que traz no bolso — ele apenas mora lá. Quem deblatera contra a autoridade exterioriza insatisfação ou revolta. Necessariamente. Uma classe social não faz passeata contra si mesma — seria política e linguisticamente ilógico. Os ricos não vão às ruas para esconjurar a riqueza. Não teria sentido. É sob essa perspectiva que as passeatas nas grandes cidades são sempre do contra: ou se opõem ao governo, ou ao statu quo, ou simplesmente reclamam a visibilidade a que seus integrantes julgam ter direito.

Se, para repudiar o governo federal, a classe média alta sai em massa às ruas de uma metrópole brasileira, com carrinhos de bebê empurrados por babás vestidas de branco, tendo ao lado as tropas policiais, solícitas como a criadagem perfilada, a protegê-la contra a eventualidade dos incômodos da ralé, dá-se uma coisa estranha. Existe ali uma oposição aberta entre os manifestantes e o poder político de turno, é verdade. Aquilo é uma manifestação do contra. De outro lado, também existe ali uma reafirmação do statu quo, por motivos óbvios: a classe média alta, numa sociedade desigual e segregada como a brasileira, acalenta intimamente a sensação de ter o domínio patrimonial sobre as ruas da cidade, vendo nelas as vias para o fluxo de seus desígnios privados. Ao marchar descontraidamente sobre o asfalto, reforça em termos teatrais a posse que já é sua por privilégio. Desse modo, ainda que realize uma manifestação do contra (contra *o* ou *um* governo), realiza também uma manifestação a favor — que se move como se não fosse visível, como se ninguém fosse notar que palmilha logradouros que já sente como seus, como conquistados.

Quando sindicalistas pegam dinheiro público para defender a presidente da República, fazendo engrossar o corso com figurantes pagos com sanduíche e transporte gratuito, a mesma estranheza se materializa, mas com o sinal invertido. Aquela gente reunida não tem o *physique du rôle* de dona da rua. Ao contrário, tem um certo aspecto de penetra nos centros elegantes do espaço urbano, onde o preço do metro quadrado figura na lista dos mais caros do mundo; gera, com sua simples presença, um mal-estar; faz subir a temperatura política. No entanto, defende a ordem ao proclamar palavras de ordem a favor do governo federal (com a disciplina obediente de crianças do ensino fundamental), ensaiadas pelas professoras, que acenam com bandeirinhas de papel para o governador que veio visitar a escola.

Nos capítulos finais deste livro, voltaremos ao tema. Por agora, basta sublinhar este ponto: o sentido linguístico, e também político, das manifestações depende diretamente do contraste que elas opõem à ordem, linguística e política, que rege a cidade. As manifestações que interessam são do contra. É desse contraste que elas extraem a força para, com seu inconformismo e com a ocupação que instalam no espaço urbano, sensibilizar as câmeras do mundo. É o contraste, e não o conformismo, que gera a energia capaz de romper a invisibilidade a que se julgam condenados (injustamente) os que protestam.

Os protestos querem tomar a visibilidade de assalto. Querem capturar as formas de representação instituídas pela comunicação social, pela mídia, pelo jornalismo e também pela indústria do entretenimento. Esse arsenal midiático, a exemplo do que se deu com a linguagem ordenadora da urbe, encontra-se irreversivelmente globalizado, homogeneizado nas metrópoles de todos os continentes. É apenas aí, na instância das câmeras — na *instância da imagem ao vivo*, como veremos adiante —, que os protestos de rua conseguem desordenar a narrativa urbana contra a qual se insurgem. Eles problematizam a cidade menos porque atrapalham o trânsito e mais, muito mais, porque alcançam lugar nas telas eletrônicas e, aí, estabelecem uma ligação direta (um bypass) com a linguagem da imagem eletrônica dos meios de comunicação globais da era digital. Mais do que ferir a cidade como corpo físico, eles lancetam a representação da cidade na instância da imagem ao vivo; desmontam a rotina da cidade, subvertem o previsível; aglomeram-se como coisa corpórea para acontecer como representação.

Se assim é — e é assim que é —, algumas interrogações se impõem. Passemos a elas.

Será que poderíamos identificar, nas manifestações de junho de 2013, momentos nos quais a violência fluiu como linguagem, tanto do lado dos manifestantes, como do lado dos que os retratavam e, ainda, do lado dos que os reprimiam? A tropa de choque é um signo? Os black blocs podem ser lidos como signos? De que natureza? A sua linguagem poderia ser vista como uma linguagem específica, regida por normas específicas? E essa linguagem teria servido de meio de produção, de expressão e de potencialização da própria violência?

Quanto aos meios de comunicação, mais perguntas. De que modo as suas linguagens próprias, notadamente a linguagem audiovisual dos telejornais, contribuíram para exacerbar o emprego dos códigos violentos? Como compareceram às ruas os signos visuais dos programas jornalísticos de televisão, que sabidamente geram efeitos na indústria do entretenimento em geral? Teriam, no calor dos protestos, providenciado uma sintaxe para glamorizar o apedrejamento de policiais e a depredação de lojas e de repartições públicas, uma vez que se deixaram monopolizar, como que magnetizados, pela apoteose do que tentavam condenar com a palavra "vandalismo"? Será que as câmeras não idolatraram aquilo que, nos microfones, os apresentadores rejeitavam?

Quanto à linguagem jornalística dos jornais impressos, mais perguntas. Se as representações simbólicas próprias do jornalismo atuam como reguladoras dos embates políticos (o jornalismo supre a função de mediador do debate público), elas poderiam também ter atuado como "calibradoras" do exercício do monopólio da força que cabe ao Estado?

Outra ordem de interrogações aparece nas interações comunicativas (ou não) entre o Estado e a sociedade. Surgiram de forma bastante nítida, em 2013, sinais de que a sociedade e o Estado falam em tempos distintos, por vezes incompatíveis. Será que o ritmo da comunicação interna da máquina do Estado se despregou de vez do ritmo da comunicação da sociedade pelas redes digitais interconectadas? Sejamos mais precisos nessa pergunta. Considerando que a linguagem pressupõe e opera recortes de ordem temporal, da duração de uma semínima no metrônomo ao presumido intervalo de silêncio entre uma interpelação e sua resposta, haveria nos enfrentamentos das ruas um sintoma de uma incompatibilidade de temporalidades entre o Estado e a sociedade, incompatibilidade posta por ordens temporais de duas linguagens que não conversam mais entre si ou, se é que conversam, mal se entendem? Teria havido uma ampliação do distanciamento entre as duas temporalidades a ponto de produzir um estranhamento tão grave entre suas linguagens (seus códigos)? Estaria o Estado ainda preso a ritos e processos lentos, que não recepcionam a presteza das redes interconectadas da era digital, definidoras de uma nova temporalidade na esfera pública? É possível pensar que esse descompasso temporal estaria no substrato de fenômenos semelhantes às manifestações de junho de 2013 no Brasil, como os Indignados, na Espanha, e a Primavera Árabe?

Indo adiante: se a violência das ruas se desenvolveu como linguagem, tendo sido permeada e atravessada por vetores multidirecionais de outras linguagens, de que tipo ela foi? Será que se trata de uma linguagem performática? Pode-se falar em uma linguagem estética? Que fundamentos, ainda que inconscientes, haveria naquela fala interceptada pela escuta telefônica no Rio de Janeiro, que trata de uma beleza nas batalhas campais em que os manifestantes e a Polícia Militar tiveram parte? Por que o protagonista daquele ato fala do quebra-quebra como se fosse uma intervenção estética sobre a cidade, capaz de proporcionar um gozo sem igual aos presentes? Que gozo é esse?

No esforço de enfrentar essas perguntas, vai-se esboçar aqui uma angulação de análise pela qual as manifestações de rua se descortinam como um confronto não entre as forças políticas, não entre as classes sociais, não necessariamente entre o governo e os oposicionistas, mas, acima disso tudo (e sem prejuízo disso tudo), como um confronto entre signos. Do lado dos manifestantes, nos grandes embates que eclodiram em 2013, esses signos foram acionados, postos em movimento, por agentes fungíveis, aleatórios, que não guardavam entre si laços de organicidade política, mas apenas se integravam a uma sintaxe imagética predefinida, como se vestissem às pressas uma fantasia pronta para entrar no cortejo que já se encontrava em andamento. De modo mais candente, será revelado esse o caso preciso da atuação dos black blocs.

O cortejo em andamento seguia um roteiro e uma partitura que vinham não de plataformas ou de programas partidários, mas dos próprios atributos dos signos em conflito. É claro que existiam intenções políticas no repertório imaginário dos agentes, mas esse seria um aspecto acessório. Talvez não tenha sido o motor principal. Veremos que o embate entre as imagens (signos) foi por vezes sangrento, mas que ele teria se expressado (e evoluído) mais como cena do que como causa. A violência irrompia mais para dar curso às performances e menos para dar consequência a uma plataforma política. Em outra perspectiva, poderíamos considerar a hipótese de que a emergência tecnológica e social dos novos ritmos das linguagens da sociedade civil — das redes interconectadas, plugadas às linguagens próprias da televisão e do entretenimento — abriu as comportas de insatisfações e de revoltas represadas. Note-se: essas insatisfações estavam represadas não por obra de aparatos repressivos ou por obra da manipulação da informação, mas pela escassez de meios. Uma vez supridos os meios, o levante explodiu. A trava, portanto, teria sido linguística ou comunicacional. Pelas mesmas razões, a explosão foi linguística ou comunicacional. Foi somente por aí, pelas comportas linguísticas e comunicacionais abertas, que ela se tornou política. E violenta. De todo modo, a violência estaria *na* linguagem e *a serviço da* linguagem, mais do que da política.

Em resumo: em junho de 2013, na hipótese que será aqui trabalhada, o jorro de linguagem implicado, em lugar de conter, desobstruiu a erupção da violência, que escreveu seu texto sobre o chão das cidades brasileiras. Para essa linguagem e para essa violência, o asfalto era a folha de papel. O corpo humano era a pena.

O ato quer ser fato

Os precipitados do discurso que se passam por acontecimentos

A busca pela linguagem das ruas e pela estética dos confrontos trilha caminhos traiçoeiros, crivados não de tiros, mas de armadilhas conceituais. Antes de encararmos a discussão sobre a estética implicada nos protestos, examinemos, ainda que de passagem, o estatuto do fato jornalístico. A linguagem das ruas procura conectar-se à linguagem das representações midiáticas próprias do jornalismo; quer ganhar o registro de fato jornalístico, de fato bombástico, no plano dos relatos da imprensa.

Mas em que consiste o tal fato jornalístico? Que estatuto é esse que dá a um relato factual a autoridade de retrato incontestável do que acontece de verdade? Embora o objeto deste breve estudo não seja esse, valem algumas notas a respeito do tema, mesmo que em caráter sumário.

Nas representações próprias da imprensa, os fatos costumam ser apresentados como acontecimentos objetivos, que são o que são (ou foram o que foram) independentemente da presença do observador e da linguagem pela qual o observador capta, focaliza e vocaliza o acontecido. Nessa forma de apresentação dos supostos fatos, perde-se de vista que eles apenas são passíveis de registro à medida que irrompam como entes de linguagem, como construção discursiva. Não há escapatória.

Pensemos em exemplos banais. O placar final de uma partida de futebol, quando noticiado, é um fato consumado, sem a menor dúvida. Mas é um fato decorrente de um jogo com regras próprias, convencionadas e aceitas pelos praticantes, que se mediram em um certame observado por um árbitro, diante de um público que corrobora a pertinência e admissibilidade dos atos que se sucederam no gramado. O jornalismo noticia eventos, portanto, já dotados de sentido segundo as instituições linguísticas (que, nesse caso, incluem as regras lúdicas que ordenam, vamos dizer assim, a "sintaxe" lógica do jogo). O fato jornalístico já nasce como fato linguístico.

Vejamos outro exemplo: se um fragmento de meteorito cai em uma área distante do deserto do Saara, existe ali um fato objetivo. O impacto da colisão gerou uma explosão de tal magnitude, abrindo uma cratera com tais dimensões em ponto localizado com precisão na longitude tal e latitude tal. É possível aí um registro jornalístico exato sobre um evento de existência irrefutável, verificável por qualquer pessoa dotada de juízo, razão e habilidades normais. Ao nomear o acontecido, entretanto, o jornalismo é subsidiário de outros saberes e outras áreas do conhecimento, já devidamente assimilados pela fala coloquial dos seres humanos medianamente capazes de se comunicar entre si. Isso quer dizer que, no relato jornalístico desse episódio hipotético ocorrido no deserto do Saara, a natureza do fragmento caído do céu terá de ser atestada por astrônomos, do mesmo modo que o nome do deserto vem das definições da geografia e as dimensões da cratera são descritas com o auxílio do sistema métrico. O jornalismo não funda um saber, não inaugura novos filões da linguagem; tendo o lugar que tem — um lugar circunscrito na e pela linguagem comum, mais ou menos equilibrada entre a língua vulgar e a língua culta —, não consegue divisar fatos que sucedam fora do campo da linguagem. Não se trata de uma questão óbvia, simples. Jornalistas experientes, consagrados e admirados embatucam ao se deparar com esse assunto. Não se trata, principalmente, de uma questão inofensiva. A cultura corrente da imprensa lida o tempo todo com uma ilusão de ótica perigosa, a de que o jornalismo se ocupa não de conflitos que põem em disputa o domínio sobre a linguagem (uma disputa em torno do enfoque com que será narrada determinada história), mas de acontecimentos objetivos que estariam fora da linguagem, que existiriam a despeito dela. Essa ilusão tende a sugerir que o lastro de credibilidade do jornalismo ficaria num campo exterior à linguagem do próprio relato jornalístico; faz crer que o jornalismo consistiria num método de apreensão do real que apenas se serve da linguagem como ferramenta secundária. No limite, essa ilusão de ótica é a ilusão de que a essência da atividade não reside na linguagem, não é hospedeira da linguagem, mas reside na observação direta de fatos extralinguísticos.

O que é um fato extralinguístico? Isso é bem controverso. Para efeito do argumento conciso destes parágrafos, digamos que o aparecimento de uma partícula subatômica num acelerador de grande potência, numa pesquisa envolvendo cientistas de diversos países, constitui, em seu instante inaugural, um fato extralinguístico. Aquela partícula deu sinal de vida — e isso independe da linguagem (ao menos num primeiro nível de consideração). É sabido que, no mais das vezes, essas tais partículas já haviam sido descritas na teoria — já tinham, então, um lugar determinado num saber mais ou menos estabelecido e mais ou menos organizado como linguagem. É sabido, também, que os pesquisadores do mundo subatômico vivem alertando o interlocutor para o fato — o fato, isso mesmo — de que a presença do observador interfere no estado do objeto encontrado. A despeito de tudo isso, a matéria encontrada pelo acelerador de partículas se manifesta como um evento que se impõe por si: estaria lá de qualquer jeito, houvesse ou não linguagem para registrá-lo, decifrá-lo e explicá--lo. Nesse sentido, e só nesse sentido, o que temos ali é um fato extralinguístico. Caberá, depois, aos pesquisadores a tarefa de traduzi-lo para a comunidade científica internacional e, depois, para os mortais ignaros, que somos todos nós.

O jornalismo não tem o aparato — e, principalmente, não tem legitimidade nem delegação — para relatar fenômenos desse tipo. Não tem o equipamento ontológico e epistemológico — com o perdão dos palavrões — para sequer enxergar fenômenos desse tipo. Não obstante, é cercado pela ilusão de ótica segundo a qual ele vê tudo o que acontece e depois conta para a humanidade. Poderíamos chamar essa ilusão de ótica de uma miragem positivista. O termo positivista vem bem a calhar. Ele traz, em si, certa pretensão cientificista que muitas vezes se confunde com a arrogância dos profissionais de imprensa.

Se nos afastarmos do jornalismo e nos aproximarmos da ciência, haveremos de reconhecer que subsiste alguma plausibilidade em supor que um objeto tenha existência prévia à linguagem que o descreve. O ponto é problemático e controverso, como já foi avisado há poucas linhas, mas a presunção é plausível. Um corpo celeste pode efetivamente ter existência (ôntica) a despeito das faculdades de linguagem que caracterizam o ser humano. Quando os telescópios ultramodernos constatam uma supernova ou um quasar, seus operadores logo informam que aquela coisa astronômica está lá, ou mais ou menos lá, há tantos bilhões de anos. A coisa astronômica existia mesmo sem nunca ter sido alcançada pelo olhar metodológico dos telescópios. Podia nunca ter sido detectada pelos humanos, podia nunca ter sido descrita, mas existia mesmo assim.

Essa presunção, contudo, tenha ela colorações positivistas ou ambições materialistas, não importa, escapa — e escapa de longe

— ao escopo deontológico ou prático da atividade jornalística. O repórter não se ocupa — não se ocupa jamais — do "ser" ou do "ente" no sentido que esses termos alcançam na metafísica. O repórter não testemunha diretamente os fenômenos investigados pela física. O repórter não põe as mãos no objeto da ciência, do mesmo modo que não põe os olhos nos seres que os místicos afirmam divisar. Quando muito, o repórter dá conta de relatar o que o filósofo enuncia, o que o físico anuncia (e outro contradiz), o que a cientista diz ter constatado e o que o místico jura ter vislumbrado. Nessas condições extremas é mais fácil perceber que o repórter só é capaz de contar o que lhe contaram e só é capaz de aferir o que a linguagem comum lhe permite aferir. Fora disso, aos olhos dele, existe apenas a escuridão.

Agora, trilhado esse curto arco de considerações sumárias, não há muito como evitar a evidência de que o objeto possível do jornalismo só pode ser um objeto constituído de palavras e de signos (os signos não são feitos só de palavras). Em termos mais diretos, só o que o jornalismo cobre é o que os seres humanos contam ou performam. Um fato jornalístico, portanto, é, na melhor das hipóteses, um relato — ou um ato relatado. Isso mesmo: um ato relatado. Aos olhos do jornalismo, todo ato quer ser fato (e os melhores repórteres são aqueles que aprenderam a desconfiar disso). É nesse sentido que o fato jornalístico não tem como existir nem poderia aspirar existir fora da linguagem — mais especificamente, da linguagem jornalística. A substância do fato jornalístico é substância de linguagem.

Em função desse atributo do fato jornalístico, de sua peculiaridade essencial, as manifestações, cujos protagonistas eram sujeitos humanos praticando um ato linguístico sobre a sintaxe da cidade, podiam ter a pretensão de se converter em fato jornalístico — em fato bombástico. Elas nasceram e viveram para ganhar o estatuto de fato jornalístico. É possível entrever que elas se revelaram como entes de linguagem.

Mas o que fazer com essa linguagem (e esses fatos)?

Por que 2013 deixou traumas ainda não superados no imaginário do poder

Na abertura da Copa do Mundo de 2014, a indisfarçável aflição das autoridades tinha motivos mais que razoáveis: tinha motivos clamorosos. Recapitulemos as raízes do trauma. Essas raízes, também elas, são sígnicas, mas, como ainda estamos no início do raciocínio, façamos de conta — vibrando na mesma nota falsa do jornalismo que não se sabe linguagem (só linguagem) — que são raízes apenas fáticas (pois elas *também* são fáticas, em mais de um sentido). Em outras palavras, comecemos pelos fatos.

Em junho de 2013, a nação roncava em fúria. Em praticamente todas as capitais, protestos apareciam como que do nada e se inchavam de um dia para o outro. Inicialmente convocados por um grupo de pouca ou nenhuma inserção social, o Movimento Passe Livre (MPL), começaram pedindo o congelamento das tarifas dos transportes públicos. Rapidamente, foram acolhendo outras demandas, até abraçar todas, isso mesmo, todas as outras e outras mais. As avenidas do Brasil sediavam atos públicos que eram "contra tudo", conforme noticiou a manchete garrafal da *Folha de S.Paulo* de 18 de junho de 2013: "Milhares vão às ruas 'contra tudo'; grupos atingem palácios".

A avalanche "contra tudo" tumultuou o país, num ciclo prolongado de picos descarrilados. A intensidade chegou a tal ponto que consultores e estrategistas de empresas internacionais de segurança, dessas que prestam serviços de inteligência a governos sitiados e a organismos multinacionais que agenciam ou contratam mercenários, chegaram a mencionar, em conversas reservadas com senadores, que o quadro brasileiro correspondia a modelos de crise aberta que, em tese, poderiam evoluir para uma guerra civil. Estavam equivocados, sem dúvida, mas conseguiram impressionar os apalermados gabinetes oficiais daqueles dias.
Ninguém estava entendendo nada. Para as calçadas, os viadutos e as praças, afluía gente de todo lado. Era uma gente improvável e inesperada, que jamais tinha sido recrutada e preparada pelas cúpulas sindicais ou partidárias. Aquela gente não tinha descido do morro para o asfalto, como prometiam os sambas de antigamente; descia mesmo era dos apartamentos de alto padrão, ou, pelo menos, dos apartamentos confortáveis da classe média espaçosa. Adolescentes saíam dos colégios mais caros e rumavam para a passeata como quem vai à balada. Profissionais liberais de meia-idade saíam às pressas do escritório, punham um par de tênis e iam se juntar aos filhos. Quando o país se deu conta, viu que aqueles manifestantes de primeira viagem tinham assumido a linha de frente de uma vaga gigantesca que repudiava o poder público a plenos pulmões, contando apenas com as cordas vocais, uns poucos megafones e milhões de cartazes feitos em casa. A maioria silenciosa, quem diria, tinha tido seus quinze ou vinte dias de vanguarda do movimento de massas.
Nada daquilo parecia caber nas cartilhas dos que se supunham donos da agenda pública. Aquela gente era uma gente demasiadamente comum, comum até não poder mais. Prefeitos, governadores e ministros, atônitos, perguntavam a portas fechadas o que queriam os novíssimos agitadores; quem os havia in-

cendiado assim; a mando de quem eles marchavam. Ninguém sabia responder direito. Muito menos prefeitos, governadores e ministros.

Em junho de 2013, as ruas hospedaram a mesma guerra simbólica que eclodiria de novo no Itaquerão, na abertura da Copa do Mundo, em junho de 2014. Os que insultavam os representantes do poder eram os mesmos que se adornavam com os símbolos da pátria. Os insatisfeitos que xingavam as autoridades desfraldavam bandeiras brasileiras nas janelas dos prédios e se embrulhavam de verde e amarelo, como a dizer que a pátria estava ali, no corpo de cada um deles; que a pátria estava nas ruas. "O povo acordou", gritavam, sem medo de ser bregas.

A breguice não poderia faltar ao encontro das massas: a qualquer pretexto, os grupos saíam cantando o Hino Nacional sem errar a letra. Naqueles dias, fez sucesso nas redes sociais e nas conversas uma piada que dizia: numa tarde de trens superlotados, um passageiro espirrou alto dentro de um vagão. Educadamente, alguém ao lado redarguiu: "Saúde!". Ao ouvir a palavra "saúde" pronunciada de forma tão decidida, um sujeito a poucos metros da cena ergueu o punho e gritou: "Educação!". Ato contínuo, todos começaram a cantar o Hino Nacional. Esse era o Brasil em junho de 2013. Esse era o Brasil que as autoridades não conseguiam decifrar.

O fato é que a nação estava furiosa. De fato, era um fato. E também era linguagem.

Valentias performáticas
A natureza sígnica do black bloc, que se parece com a do Papai Noel

As sessões de quebra-quebra viraram arroz de festa. Foi aí que os black blocs brasileiros roubaram a cena. Imitadores daqueles que se tornaram célebres quando espatifaram vitrines no encontro da Organização Mundial do Comércio em Seattle em 1999, ou quando criaram os grupos de autodefesa das passeatas em Berlim, ou quando apedrejavam policiais em Milão, eles dominaram o teatro de junho de 2013. Desferiam pedradas nos capacetes da polícia e estilhaçavam vidros de agências bancárias; miravam, além dos escudos transparentes da tropa de choque — símbolos da repressão —, os estabelecimentos que simbolizavam o capital (bancos), o luxo (concessionárias de automóveis importados) e o poder (prefeituras, palácios de governo e demais repartições vistosas). Os signos do dinheiro e do Estado viraram alvos de guerra. Os black blocs eram os soldados de uma guerra simbólica, a guerra das imagens.

No começo, toda aquela gente comum presente nos protestos não se incomodou tanto com eles. Ela não estava atrás de escoriações, mas não se sentiu na mira dos moços. Ao menos no início. Em lugar de medo, os manifestantes de primeira viagem experimentavam fagulhas de excitação cívica. Olhavam aqueles rapazes, pouco mais que crianças, como candidatos a heróis exóticos. A zoeira meio descontrolada compunha uma ambiência de aventura nas ruas, fascinando os neófitos, que eram quase todos. Mas essa fase durou pouco. Os relatos noticiosos na TV e nos jornais identificaram nos focos de "vandalismo" uma grave ameaça à ordem pública. Desde o início de junho, os meios de comunicação de massa insistiram na distinção: os black blocs eram vândalos; os demais, manifestantes pacíficos. Os primeiros eram execrados na TV. Os segundos, adulados como brasileiros de valor. O propósito da operação semântica era prevenir e educar os novatos em passeatas, para que não enveredassem pela pancadaria e, se não fosse pedir muito, tomassem a iniciativa de delatá-la.

Como de costume, os meios de comunicação acabaram produzindo o contrário do que pretendiam; os black blocs também. Os primeiros deixaram que suas objetivas se imantassem pela fulguração do tal "vandalismo", que monopolizava as imagens na TV. Os vídeos e as fotografias abundantes, com o objetivo de estigmatizar, consagravam os atos de depredação, emprestando a seus agentes uma aura de delinquentes românticos, numa fotogenia que mais os edulcorava do que os desencorajava. De sua parte, os depredadores também produziram o oposto do que pretendiam. Em lugar de fortalecer as passeatas, só conseguiam esvaziá-las. Tão logo a arruaça se tornou regra, aquela gente comum, que antes não ligava para essas ações, começou a ficar ressabiada e vazou. Ela voltaria mais tarde, nas passeatas higienizadas, assépticas, sem "baderneiros"; nas caminhadas vespertinas dominicais que, ao longo de 2015 e 2016, exigiram o impeachment da presidente da República. Naqueles dias, porém, preferiu sair de fininho.

Em 2013, os black blocs entraram no circuito como uma tribo à parte, um signo marcado. O que os identificava, além da disposição de distribuir pernadas ao entorno, eram as roupas padronizadas, quase uniformes: tecidos escuros, espessos, mangas compridas, botas resistentes, tecidos ou máscaras de gás, às vezes amarradas a capacetes, para cobrir o rosto.

Do ponto de vista do figurino, pode-se dizer que formavam um conjunto, mais ou menos como os aposentados que se vestem de Papai Noel em shopping centers também formam um conjunto. A comparação não tem fins humorísticos. As semelhanças entre uns e outros são profusas e profundas; são estruturantes. Os papais noéis e os black blocs podem ser lidos como dois signos transitando em lugares públicos.

Um feixe de equivalências os espelha reciprocamente. Antes de qualquer outra consideração, façamos uma pergunta singela. Por que os papais noéis de shopping, quase todos, são personagens mascarados? Por que escondem a própria identidade sob barbas brancas de mentira? A resposta é muito simples: eles precisam suprimir momentaneamente sua identidade individual para ficar parecidos com o ser genérico em que se transubstanciam. O sujeito que interpreta na rua o papel de black bloc também precisa se mascarar. Nem tanto para escapar à vigilância policial (isso também conta, claro), mas principalmente para encarnar o ser genérico que o define. O black bloc é efetivamente um ser genérico, um Papai Noel das sombras.

Junho de 2013 foi para os black blocs o que as festas natalinas são para os aposentados que fazem bico suando sob o cetim vermelho e fazendo hohoho para as criancinhas. Alinhados em destacamentos uivantes, que às vezes até fizeram a polícia recuar, os black blocs davam a impressão de formar um pelotão unificado e bem treinado, mas nunca foram uma organização formal. Havia os que se dedicavam ao esporte com afinco excepcional, o que incluía exercícios de treinamento e algum preparo coletivo, mas eles nunca chegaram a compor uma falange disciplinada e centralizada. Também nisso guardam analogias com o pessoal da terceira idade que se veste de bom velhinho. Um Papai Noel não conhece os outros, os seus iguais. Talvez uns poucos sejam amigos entre si e se cumprimentem na hora do "trabalho", mas isso é irrelevante. Não é preciso haver uma empresa monopolista de senhores que se fantasiam de Papai Noel para que, no fim do ano, o comércio seja invadido por um descabido exército deles. Não é necessário um curso de treinamento profissional para que eles se comportem exatamente de acordo com o figurino.

Com os black blocs é a mesma coisa. Um pode não ter a menor ideia de quem é o mascarado ao lado arrancando a placa de trânsito para quebrar a porta da butique. O desconhecimento do RG do cidadão que se esconde por trás da máscara não muda a ação em nada. O que unifica os black blocs é algo que se põe da máscara para fora: o figurino e o código gestual. A roupa instaura tanto o Papai Noel como o black bloc, embora a alteração que um e outro produzem na cidade seja diversa ou mesmo oposta.

Fora isso, que não é pouco, os black blocs têm pouco a ver com o bom velhinho. Na faixa etária, por exemplo, são antípodas. Os primeiros, por sinal, até outro dia pediam às mães que os levassem ao shopping para tirar fotos no colo dos segundos. O personagem genérico do Papai Noel foi massificado pela máquina da propaganda da Coca-Cola, nos anos 1930, e daí ganhou vida própria como catalisador de publicidade. O personagem genérico do black bloc foi industrializado não pela publicidade, mas pelos noticiários de TV de estilo mais ou menos sensacionalista, hipnotizados pelas performances dos garotos que bagunçavam as praças em épocas de reuniões de cúpula dos países ricos.

Os dois signos fincam raízes em tradições culturais anteriores à TV. Antes da Coca-Cola, o Papai Noel já tinha sido utilizado por outras marcas de bebidas doces, mas sua origem é ainda mais antiga. A lenda original remonta a santos e benfeitores do cristianismo, que não bebiam xaropes gaseificados. A figura do black bloc também não foi inteiramente inventada no âmbito dos telejornais a partir das diatribes juvenis dos ativistas antiglobalização; ela vem de antes. É verdade que sua construção se dá, por excelência, pelas câmeras de TV, mas é preciso desmontar com menos pressa o processo de fabricação simbólica desse signo tão central em junho de 2013 no Brasil.

O figurino dos black blocs é uma réplica puída do fardamento da própria polícia, uma réplica um pouco mais andrajosa da armadura emborrachada da qual se paramentam os soldados das divisões encarregadas de dissolver aglomerações inflamadas. A sua semelhança antitética com os policiais da repressão é indispensável para que o signo fique de pé: em oposição às forças repressivas, os black blocs seriam o pelotão de defesa dos protestos, os brucutus do bem. Diante da tropa de choque, os black blocs seriam o outro, o negativo, o antichoque, um anteparo físico que se opõe ao agente da lei.

Mas a fantasia do black bloc incorpora outras referências; alude a uma mitologia que já tinha virado lugar-comum na indústria cultural: a dos heróis mascarados das histórias em quadrinhos de meados do século XX, que batiam nos vilões para defender oprimidos medrosos. Muitos deles foram parar no cinema, com enorme sucesso. O personagem genérico do black bloc encontrou eco no imaginário juvenil porque reencarnou personagens ficcionais que combinavam uma estranha consciência social com uma dose de sociopatia, mais ou menos como Zorro,* Fan-

---

* A lenda do Zorro se inspira na biografia de um homem real, William Lamport, que nasceu em 1615, na Irlanda, e morreu em 1659, no México. Era aventureiro, bom espadachim e poliglota. Segundo seus biógrafos, ele se envolveu com uma espanhola de família rica e teve que ir para o México como espião infiltrado entre os índios, mas lá aderiu à causa dos nativos e lutou ao lado deles. Assim se tornou El Zorro (que, em espanhol, significa raposa, homem

tasma ou Durango Kid. A figura de Guy Fawkes,* que viria a inspirar a máscara do Anonymous, tanto na internet como nas manifestações de rua, é outra referência. Se existisse um black bloc

---

astuto). Fazia justiça pelas próprias mãos e zombava dos soldados e da Igreja. Foi preso pela Inquisição duas vezes, sendo assassinado em 1659 na fogueira. Conta-se que, antes de morrer queimado, teria se enforcado com a corda da fogueira. Em 1872, o general do Exército mexicano Vicente Riva Palacio (1832-96) escreveu o livro *Memorias de un Impostor: Don Guillén de Lampart, Rey de Mexico*, em que conta as aventuras do forasteiro europeu nas terras mexicanas. No romance, baseado em vasto material biográfico encontrado nos arquivos da Inquisição, Lampart ganhou uma alcunha bem ao gosto local: Diego de la Vega. Esse romance não ficou famoso, mas a obra do general serviu para a construção do herói mascarado. Em 1919, o Zorro surgiu, no semanário americano *All-Story Weekly*, em uma série chamada *The Curse of Capistrano* [A maldição de Capistrano], escrita pelo jornalista e romancista americano Johnston McCulley. Ver, a respeito, Gerard Ronan, *The Irish Zorro: the Extraordinary Adventures of William Lamport (1615-59)*. Dublin: Mount Eagle Publications, 2004; Fabio Troncarelli, *La Spada e la Croce: Guillén Lombardo e l'inquisizione in Messico*. Roma: Edizioni Salerno, 1999.

* O inglês Guy Fawkes (1570-1606), também conhecido como Guido Fawkes, é outra referência notória para os anarquistas em manifestações de rua e, indiretamente, também para os black blocs. Ele se converteu ao catolicismo aos dezesseis anos e, tendo se tornado um soldado inglês, especializou-se em explosivos. Em 1605, teve participação na Conspiração da Pólvora, um complô que pretendia assassinar o rei Jaime I da Inglaterra, que era protestante, e os membros do Parlamento. O plano era desfechar o ataque durante uma sessão da casa. O objetivo era promover um levante católico. Fawkes era o responsável por guardar os 36 barris de pólvora que seriam utilizados para explodir o Parlamento. Antes do ataque, porém, Fawkes foi preso, torturado e condenado à morte. Sua captura é lembrada ainda hoje no dia 5 de novembro, na Noite das Fogueiras. Durante seu interrogatório, Fawkes resistiu e se identificou como John Johnson. Sua fibra despertou admiração no rei, que elogiou sua "resolução romana". A história em quadrinhos *V de Vingança*, lançada em 1982, com roteiro de Alan Moore e desenhos de David Lloyd, foi influenciada pela Conspiração da Pólvora. Um personagem de codinome V, que utiliza uma máscara inspirada no rosto de Guy Fawkes, tenta promover uma revolução na Inglaterra fictícia (década de 1990) onde é ambientada a história. O rosto de Guy Fawkes virou uma febre nas manifestações de rua no mundo todo a partir de 2003.

autêntico, à brasileira — coisa que não existe, pois o black bloc é sempre um decalque mimético —, ele seria algo como um Batman tropical, um Batman de esquerda.

Em outros países, o sentido do signo é inteiramente outro. Os black blocs carregam significados sortidos, ou até antagônicos, de acordo com o tempo e o lugar de análise. Se no Brasil de junho de 2013 ele seria um Batman de esquerda, na Síria de 2011 ele seria um Capitão América de extrema direita. Um black bloc só tem ideologia à medida que um revólver pode ter ideologia. Nesse ponto, o Papai Noel é mais constante; seus significados costumam ser menos variáveis. O black bloc é uma figura mais vazia e mais volátil.

O black bloc, a exemplo do Papai Noel, se reproduz por meio da cópia imagética, num processo industrial. Quando em ação, segue uma coreografia mais ou menos preestabelecida: alonga os braços para atirar pedaços de pau; desloca-se como num balé de avanços e recuos, vanguarda e retaguarda; faz a delícia dos fotógrafos adestrados a devorar o que é flamejante. O black bloc parece vir de encomenda — e, na verdade, veio: ente da visualidade que se presta a significar o que contesta, foi desenhado pelo olhar domesticado pela indústria que o sintetiza, o distribui e o consome.

Tais atributos, invariavelmente exteriores, reforçam sua característica de ter na aparência a sua única essência. O que o define é o que o reveste: o figurino, a postura híbrida entre o marcial e o marginal, a coreografia padronizada, o teatro de manobras radicais matizadas por um timbre cênico entre o trágico, o heroico e o mambembe.

Quanto à sua função na sintaxe das manifestações, o black bloc prolonga em ato a violência que os códigos gestuais das passeatas convencionais apenas encenam (mas não praticam), como os soquinhos no ar, entre outros cacoetes. Ele dessublima o linguajar agressivo dos panfletos e das palavras de ordem por meio de uma performance. Representa e ilustra, com sua coreografia, o léxico panfletário de inspiração bélica (com palavras como "luta", "derrota", "trincheira", "estratégia" etc.). O black bloc é protagonista (vocábulo da predileção de seus atores anônimos) de uma encenação da violência, sob a justificativa moral um tanto rasa de que sua atuação, mais pirotécnica do que propriamente destrutiva, serviria para desnudar e denunciar aquela que é efetivamente a violência maior (mas silenciosa, oculta, subliminar), qual seja, a violência materializada em rotina da ordem estabelecida.

Os black blocs de junho de 2013 eram uma imagem (supostamente de contestação) que se batia contra outra (de manutenção do statu quo). Não realizavam um modo de ativismo, como seus atores teriam preferido dizer, mas uma hiperatividade que soube fazer do anonimato sua via narcisista. A essa figuração estrepitosa e maquinal, eles chamavam de tática — uma tática que eles assimilavam não em grupos de estudo ou em sessões de doutrinação política, mas ao assistir a vídeos nas telas eletrônicas, como fazem os praticantes de skate, os músicos das bandas cover e os papais noéis de shopping.

A métrica da violência em dois editoriais

O discurso jornalístico dos diários impressos vai parametrar a força física do cassetete e a quantidade de balas de borracha

Em junho de 2013, a tática dos black blocs se disseminou de modo caótico e caricato. O corre-corre em meio ao gás lacrimogêneo (o gelo-seco que queima os olhos), entre estampidos e labaredas, foi mostrando seu potencial de estrago. Invariavelmente, as manifestações se dissolviam em pancadas. Deu-se, então, o óbvio: provocadores a serviço de causas espúrias (das milícias clandestinas ao tráfico de drogas) e talvez até policiais disfarçados de manifestantes (a hipótese não ficou de todo descartada) se faziam passar por black blocs estudantis para alastrar a sensação de insegurança. As depredações se generalizavam. O medo, que no início do mês era quase nulo, recrudesceu. Uns e outros se indagavam: onde é que isso vai parar? Quando vai parar? Em tempo, será que isso vai parar?

No dia 13 de junho de 2013, dois dias antes de Dilma ser emparedada pela vaia no suntuoso estádio que acabava de ser erguido na capital federal, os paulistanos viveriam uma jornada selvagem. A metrópole esperava mais um protesto ao cair da tarde. As redes sociais ferviam. Pela manhã, os dois mais influentes diários paulistanos tinham chegado às bancas com editoriais que pediam freio duro para as passeatas. Se a paciência de todo mundo estava no limite, a dos editorialistas daquele dia já tinha ultrapassado esse limite.

Os editoriais de 13 de junho de 2013 precisam ser relidos agora. Por eles, podemos verificar, uma vez mais, que a dose da violência corresponde, ela também, a uma operação da ordem da linguagem. Vista em retrospectiva, a relação entre os editoriais dos diários mais influentes e o exercício do monopólio da violência pelo Estado no policiamento ostensivo e na repressão aos protestos de massa é de uma clareza ofuscante. Isso evidencia que a medida da violência se negocia na arena do jornalismo convencional.

Enquanto a ousadia física dos black blocs pode ser vista como um prolongamento em ato da violência apenas simbolizada (sublimada) no discurso contestador, a violência das tropas policiais contra os manifestantes tende a funcionar como o prolongamento em ato do discurso da ordem. O gestual agressivo dos manifestantes que partem para o agravo corporal, de um lado, e os movimentos coercitivos dos batalhões paramentados com armaduras emborrachadas, de outro, estabelecem uma disputa linguística no ringue do olhar social. O objeto da disputa (da batalha no olhar) são quinhões de legitimidade, de popularidade e, se possível, de simpatia dos que, lá longe, grudados nos monitores, apenas olham (e desejam o que olham). Esses enfrentamentos se concatenam, pois, *na* linguagem e *como* linguagem.

Nesse embate, também é possível entrever o desenho sinuoso das relações entre violência e linguagem. Naquele dia 13 de junho, o que se deu a ver foi o novelo de vínculos entre a gradação da violência e a retórica dos editoriais.

Sob um título um tanto bélico, "Retomar a Paulista", o editorial da *Folha de S.Paulo** de 13 de junho de 2013 descrevia um cenário de desgoverno. A chamada do editorial, logo abaixo do título, em letras maiores (o "olho", no jargão jornalístico), era igualmente enérgica: "Avenida vital de São Paulo se tornou território preferido de protestos abusivos, que prejudicam milhões para chamar a atenção do público". O texto avançava com palavras duras:

> Oito policiais militares e um número desconhecido de manifestantes feridos, 87 ônibus danificados, R$ 100 mil de prejuízos em estações de metrô e milhões de paulistanos reféns do trânsito. Eis o saldo do terceiro protesto do Movimento Passe Livre (MPL), que se vangloria de parar São Paulo — e chega perto demais de consegui-lo.
>
> Sua reivindicação de reverter o aumento da tarifa de ônibus e metrô de R$ 3 para R$ 3,20 — abaixo da inflação, é útil assinalar — não passa de pretexto, e dos mais vis. São jovens predispostos à violência por uma ideologia pseudorrevolucionária, que buscam tirar proveito da compreensível irritação geral com o preço pago para viajar em ônibus e trens superlotados.
>
> Pior que isso, só o declarado objetivo central do grupelho: transporte público de graça. O irrealismo da bandeira já trai a intenção oculta de vandalizar equipamentos públicos e o que se toma por símbolos do poder capitalista. O que vidraças de agências bancárias têm a ver com ônibus?
>
> Os poucos manifestantes que parecem ter algo na cabeça além de capuzes justificam a violência como reação à suposta brutalidade da polícia, que acusam de reprimir o direito constitucional de manifestação. Demonstram, com isso, a ignorância de um preceito básico do convívio democrático: cabe ao poder público impor

---

* "Retomar a Paulista", *Folha de S.Paulo*, São Paulo, p. A-2, 13 jun. 2013.

regras e limites ao exercício de direitos por grupos e pessoas quando há conflito entre prerrogativas.

[...]

É hora de pôr um ponto final nisso. Prefeitura e Polícia Militar precisam fazer valer as restrições já existentes para protestos na avenida Paulista, em cujas imediações estão sete grandes hospitais.

O editorial de O Estado de S. Paulo* não ficava atrás, a começar pelo título: "Chegou a hora do basta":

> No terceiro dia de protesto contra o aumento da tarifa dos transportes coletivos, os baderneiros que o promovem ultrapassaram, ontem, todos os limites e, daqui para a frente, ou as autoridades determinam que a polícia aja com maior rigor do que vem fazendo ou a capital paulista ficará entregue à desordem, o que é inaceitável. Durante seis horas, numa movimentação que começou na avenida Paulista, passou pelo centro — em especial pela praça da Sé e o parque Dom Pedro — e a ela voltou, os manifestantes interromperam a circulação, paralisaram vasta área da cidade e aterrorizaram a população.
>
> O vandalismo, que tem sido a marca do protesto organizado pelo Movimento Passe Livre (MPL), uma mistura de grupos radicais os mais diversos, só tem feito aumentar. Por onde passaram, os cerca de 10 mil manifestantes deixaram um rastro de destruição — pontos de ônibus, lojas, nove agências bancárias e ônibus depredados ou pichados. Uma bomba foi jogada na Estação Brigadeiro do Metrô e a Estação Trianon teve os vidros quebrados. Em algumas das ruas e avenidas por onde circularam, principalmente a Paulista, puseram fogo em sacos de lixo espalhados para impedir o trânsito e dificultar a ação da Polícia Militar (PM).

* "Chegou a hora do basta", O Estado de S. Paulo, São Paulo, p. A-3, 13 jun. 2013.

Atacada com paus e pedras sempre que tentava conter a fúria dos baderneiros, a PM reagiu com gás lacrimogêneo e balas de borracha. O saldo foi de vinte pessoas detidas e de dezenas com ferimentos leves, entre elas policiais.

A PM agiu com moderação, ao contrário do que disseram os manifestantes, que a acusaram de truculência para justificar os seus atos de vandalismo. Num episódio em que isso ficou bem claro, um PM que se afastou dos companheiros, nas proximidades da praça da Sé, quase foi linchado por manifestantes que tentava conter. Chegou a sacar a arma para se defender, mas felizmente não atirou.

Em suma, foi mais um dia de cão, pior do que os outros, no qual a violência dos manifestantes assustou e prejudicou diretamente centenas de milhares de paulistanos que trabalham na Paulista e no centro e deixou apreensivos milhões de outros que assistiram pela televisão às cenas de depredação.

[...]

A reação do governador Geraldo Alckmin e do prefeito Fernando Haddad — este apesar de algumas reticências — à fúria e ao comportamento irresponsável dos manifestantes indica que, finalmente, eles se dispõem a endurecer o jogo. A atitude excessivamente moderada do governador já cansava a população. Não importa se ele estava convencido de que a moderação era a atitude mais adequada, ou se, por cálculo político, evitou parecer truculento. O fato é que a população quer o fim da baderna — e isso depende do rigor das autoridades.

A Polícia Militar decodificou os dois editoriais como senhas para bater. Era chegada a hora de ostentar musculatura, ganhar o round e saborear os aplausos. Autoconfiantes, homens fardados deflagraram uma sessão animalesca de espancamento contra uma passeata pacata no centro de São Paulo. Não mataram ninguém, mas açoitaram de modo humilhante pessoas desarmadas e ordeiras. A repórter fotográfica Giuliana Vallone, da *Folha de S.Paulo*, levou um tiro de borracha bem no olho esquerdo enquanto trabalhava na cobertura da manifestação na rua Augusta; foi para o hospital; quase perdeu a vista. Houve muitos feridos. Só da *Folha*, foram sete repórteres.

Naquela tarde, a pm de São Paulo perpetrou uma infâmia física e discursiva — sem dizer palavra. Ao perder a medida da própria mão, conseguiu o impensável: imprimir à sua violência premeditada o significado inverso daquele que ela deveria ter (outra vez, na ordem dessa representação mediada pelas câmeras, a intenção gera um ato que produz um efeito oposto ao pretendido). Naquela tarde, a pm inverteu inadvertidamente o que teria sido seu trunfo.

E inverteu também o curso dos acontecimentos. O jogo virou. A mesma imprensa que tinha pedido "rigor" policial não teve como deixar de noticiar e criticar, no dia seguinte, o descalabro do despreparo da tropa. As pessoas comuns, que começavam a se assustar com os black blocs, sentiram verdadeiro pavor não mais dos black blocs, mas dos brutamontes deformados que, em lugar de zelar pela ordem pública, promoviam ainda mais insegurança. Em questão de um ou dois dias, a energia dos atos públicos ganhou um impulso sem precedentes e a repressão ficou acuada. A ira cívica transbordou. As manifestações cresceram, e cresceram também como um discurso imagético e teatral. Agora, além dos hospitais e das escolas públicas, os insatisfeitos gritavam contra a incompetência da polícia, que atuava como se fosse um bando de leões de chácara surrando bêbados no fim da noite.

Resultado (factual e discursivo): graças aos açoites da polícia, mais gente comum desceu dos apartamentos de classe média (alta, inclusive) para o asfalto. Desceu para protestar contra os vândalos de farda. Os editoriais da *Folha* e do *Estadão*, seguidos com afoiteza pela mão pesada da PM, emprestaram aos movimentos de junho a maior octanagem que eles poderiam receber. O Brasil ficou ainda mais furioso. Quanto aos governantes, estes ficaram ainda mais perdidos.

As ruas no cume do olhar
Mas as mortes seguem quase invisíveis

Entre os dias 18 e 19 de junho de 2013, as prefeituras do Rio de Janeiro e de São Paulo viram que não lhes restava alternativa. Teriam de recuar. Em decisões conjugadas com os respectivos governos estaduais, amadureceram a toque de caixa o anúncio de redução das tarifas de ônibus e metrô. Os aumentos viraram pó. O poder voltava atrás. A comunicação da medida, no entanto, não bastou para aplacar a ira das ruas. No dia 20 de junho, em manifestações que deveriam ser uma comemoração pela vitória contra o aumento das passagens, deu-se o ápice do que passou então a ser chamado de " jornadas de junho". O que seria o festejo pela conquista da redução dos preços acabou se convertendo no maior de todos os protestos de junho de 2013. Nada menos que 1,25 milhão de cidadãos abarrotou logradouros públicos em 388 cidades (300 mil só na capital fluminense; outros 100 mil na capital paulista).* Os números tinham subido numa progressão explosiva.

---

* "Protestos pelo país têm 1,25 milhão de pessoas, um morto e confrontos". G1, São Paulo, 21 jun. 2013. Disponível em: <http://g1.globo.com/brasil/noti-

O cientista político André Singer traçou um perfil das marchas de junho num artigo para a revista *Novos Estudos*.* Segundo ele, o estopim veio com protestos ainda discretos de setores da classe média na cidade de São Paulo na primeira quinzena de junho, mais ou menos liderados pelo Movimento Passe Livre, que acumulara alguma experiência de anos anteriores. As cifras iniciais eram modestas. Na terceira convocação do MPL em São Paulo, no dia 11, uma aglomeração de 5 mil pessoas degringolou em uma "batalha campal com as legiões da ordem". A temperatura dos embates só iria diminuir na segunda metade do mês, a partir de 21 de junho:

> O movimento se fragmenta em mobilizações parciais com objetivos específicos (redução de pedágios, derrubada da PEC 37, protesto contra o Programa Mais Médicos etc.). Por exemplo, em São Paulo, uma passeata contra o Projeto de Emenda Constitucional 37 reuniu cerca de 30 mil pessoas no sábado, 22. Na mesma tarde, em Belo Horizonte, perto de 70 mil pessoas protestaram contra os gastos para a Copa diante do jogo entre Japão e México. Ainda sob o impulso da força liberada na segunda fase, mas já separadas por inclinações diferentes, as manifestações começam a se dividir, como um rio que se abrisse em múltiplos braços no descenso da montanha.**

---

cia/2013/06/protestos-pelo-pais-tem-125-milhao-de-pessoas-um-morto-e-
-confrontos.html>; "Manifestações foram realizadas em 388 cidades do país".
UOL, Brasília, 21 jun. 2013. Disponível em: <http://noticias.uol.com.br/ultimas-
-noticias/agencia-estado/2013/06/21/manifestacoes-foram-realizadas-em-
-388-cidades.htm>. Acessos em: 25 maio 2016.
* André Singer, "Brasil, junho de 2013: Classes e ideologias cruzadas", *Novos Estudos*. São Paulo: Cebrap, v. 97, pp. 23-40, nov. 2013. Disponível em: <http://www.scielo.br/scielo.php?pid=S0101-33002013000300003&script=sci_arttext&tlng=p>. Acesso em: 9 set. 2014.
** Ibid., pp. 23-40.

No decorrer daquele mês, os protestos reinaram absolutos sob o olhar do país. Um indicador bastante enfático pode ser extraído da minutagem do *Jornal Nacional*, o principal noticiário de televisão do Brasil (que vai ao ar de segunda a sábado às 20h30), com uma audiência diária que varia entre 24 e 30 milhões de telespectadores. No dia 20 de junho de 2013, o ápice dos protestos, quando 1,25 milhão de insatisfeitos foram gritar nas ruas, o telejornal da Rede Globo dedicou aos protestos praticamente a íntegra da edição.*

A escalada dos minutos começou em 10 de junho, quando apenas 68 segundos foram suficientes para dar conta da pauta. No dia 13, foram necessários nove minutos e onze segundos. No dia 14, dezessete minutos e 37 segundos; no dia 17, esse tempo foi expandido para 27 minutos e 31 segundos; mais um dia, e ele deu um salto para 39 minutos e 31 segundos. O país não tinha olhos para mais nada.

Passado o dia 20, a minutagem refluiu lentamente, acompanhando o refluxo das ruas. A edição do dia 21 de junho do *Jornal Nacional* foi ao ar com 35 minutos e 58 segundos de cobertura das jornadas; a do dia seguinte, com outros 22 minutos e 28 se-

---

* REDE GLOBO. *Jornal Nacional*, Rio de Janeiro, 20 jun. 2013. Disponível em: <http://g1.globo.com/jornal-nacional/videos/t/edicoes/v/v/ 2646538>. Acesso em: 26 maio 2016. Nesse dia 20, em uma edição cujo tempo total chegou aos oitenta minutos (uma hora e vinte minutos), o *Jornal Nacional* apresentou apenas três reportagens que não tinham relação com os protestos: a primeira sobre a chegada da seleção brasileira a Salvador para disputar uma partida da Copa das Confederações (um minuto e 35 segundos); a segunda sobre a goleada da Espanha (de 10 a 0 contra o Taiti), a maior da história da Copa das Confederações (um minuto e doze segundos); e a terceira sobre a vitória do Uruguai sobre a Nigéria (dezoito segundos). Nesse mesmo dia, a partir das 16h, a âncora do telejornal, Patrícia Poeta, entrou no ar ao vivo com a cobertura das manifestações, que se estendeu por três horas e cinquenta minutos, valendo-se de tomadas aéreas.

gundos. As noites de 26 e 27 de junho, com onze minutos e 53 segundos e onze minutos e 35 segundos, respectivamente.

Nas semanas subsequentes, os protestos murcharam e perderam seu assento diário nas manchetes. Não iriam sumir completamente (ainda viriam picos espasmódicos de fúria e depredação), mas escassearam, persistiriam num estado apenas residual, como num lembrete: "Ei, estamos aqui". A animosidade retornaria esporadicamente, aqui e ali, como aconteceu nos xingamentos à presidente da República no Itaquerão, na abertura da Copa do Mundo em 2014.

Ao longo dos doze meses que separaram junho de 2013 de junho de 2014, os cartazes com slogans curtos e ligeiramente espirituosos seguiram frequentando as ruas. Manifestantes brotavam numa cidade ou noutra, sempre tendo como objetivo as câmeras. O protesto nesses moldes se banalizou como um gênero de comunicação política, acessível a qualquer grupo, ainda que inexpressivo. Tudo é uma questão de saber chamar a atenção dos holofotes. Contratempos causados por poucas dezenas de voluntários procurando fechar o tráfego numa grande avenida caíram na rotina dos centros urbanos do Brasil, até perder vitalidade em microconcentrações murchas, enfadonhas, exangues.

A popularidade dos protestos também declinou, depois de atingir um nível altíssimo no final de junho. Uma pesquisa do Instituto Datafolha, divulgada no dia 28 de outubro de 2013, mostrou em detalhes a reação da opinião pública às manifestações na cidade de São Paulo. No final de junho, 89% dos entrevistados se diziam favoráveis às manifestações; em setembro, esse número caiu para 74% e, em outubro, para 66%. Os que eram contra subiram de 8%, em junho, para 31%, em outubro.* A per-

---

* "Apoio às manifestações cai de 74% para 66%". Instituto Datafolha, São Paulo, 28 out. 2013. Disponível em: <http://datafolha.folha.uol.com.br/opiniaopu-

da de prestígio dessa modalidade de expressão política iria continuar nos meses subsequentes.

O saldo pode ser medido também em prejuízos. Em setembro, uma pesquisa noticiada pelo jornal *O Estado de S. Paulo* informava uma estimativa de perda de arrecadação pelo comércio nacional da ordem de 15 bilhões de reais, acarretada pelos tumultos nas cidades.*

É preciso anotar, também, o saldo em óbitos:

- No dia 20 de junho, em Ribeirão Preto (SP), Marcos Delefrate, estudante de dezoito anos, foi atropelado por uma Land Rover cujo motorista tentava abrir caminho à força contra a multidão. Delefrate morreu.
- No dia seguinte, 21 de junho, Cleonice Vieira de Moraes, gari de 54 anos, morreu em Belém (PA). A Secretaria de Saúde informou que as paradas cardíacas que a levaram à morte foram causadas pelo susto provocado pelo tumulto, pois ela era hipertensa.
- No dia 24 de junho, um confronto no conjunto de Favelas da Maré durante uma operação em busca de suspeitos de arrastão depois do fim de um protesto no subúrbio do Rio de Janeiro deixou um saldo de dez mortos, entre os quais um sargento do Batalhão de Operações Policiais Especiais (Bope). Os moradores acusaram a polícia de truculência. Uma das vítimas morava na comunidade.**

---

blica/2013/10/1363246-apoio-as-manifestacoes-cai-de-74-para-66.shtml>. Acesso em: 13 set. 2014.

* Clarissa Tomé. "Comércio perdeu R$ 15 bilhões com protestos, diz FGV". *O Estado de S. Paulo*, 13 set. 2013. Disponível em: <http://sao-paulo.estadao.com.br/noticias/geral,comercio-perdeu-r-15-bilhoes-com-protestos-diz-fgv-imp-,1071040>. Acesso em: 13 set. 2014.

** Eis a lista completa dos mortos na Maré: André Gomes de Souza Júnior, 16

- No mesmo dia 24 de junho, morreram Valdinete Rodrigues Pereira, confeiteira de quarenta anos, e Maria Aparecida, de 62 anos, que foi enterrada como indigente. Elas foram atropeladas enquanto tentavam fechar uma via com pneus no Distrito Federal.
- Em 26 de junho, Igor Oliveira da Silva, estudante de dezesseis anos, morreu atropelado por um caminhão que fugia das manifestações em via proibida para caminhões, no Guarujá (SP).
- Também em 26 de junho, Douglas Henrique de Oliveira, estudante de 21 anos, caiu do viaduto José Alencar em Belo Horizonte durante um protesto e morreu horas depois. Quatro dias antes, nesse mesmo viaduto, Luiz Felipe Aniceto de Almeida, atendente de 22 anos, sofrera um acidente parecido. Morreu no dia 11 de julho. As duas vítimas corriam de forma descontrolada para tentar fugir da PM durante manifestações públicas.
- No dia 31 de julho, Fernando da Silva Cândido, ator de 34 anos, morreu. Ele tinha problemas respiratórios desde a infância e teve o diagnóstico de "grave quadro infeccioso pulmonar", segundo o hospital onde esteve internado desde 25 de junho até sua morte. O quadro pode ter sido causado por inalação de gás lacrimogêneo em uma manifestação no Rio de Janeiro, em 20 de junho.
- No ano seguinte, em 10 de fevereiro de 2014, o cinegrafista Santiago Ilídio Andrade, de 49 anos, que cobria uma manifestação no centro do Rio de Janeiro, faleceu depois de ser atingido na cabeça por um rojão, acionado por black blocs. Dessa vez, o assassinato fora cometido por integrantes das fileiras que pro-

---

anos; José Everton Silva de Oliveira, 21 anos; Carlos Eduardo Silva Pinto, 23 anos; Fabricio Souza Gomes, 26 anos; Ademir da Silva Lima, 29 anos; Renato Alexandre Mello da Silva, 39 anos; Roberto Alves Rodrigues (cuja idade não foi informada); Eraldo Santos da Silva, 42 anos (morador da comunidade Nova Holanda, no complexo da Maré); Jonatha Farias da Silva, 16 anos, e Edinelson Jerônimo dos Santos Silva, 42 anos (sargento do Bope).

testavam, não por aqueles incumbidos da repressão. Na mesma manifestação morreu também Tasnan Accioly, atropelado por um ônibus ao fugir de bombas de efeito moral.

Um filme de terror nas esferas públicas interconectadas

A linguagem e a estética dos filmes da indústria do entretenimento incidem sobre o modo de ver os protestos

A edição de 18 de junho de 2013 da *Folha de S.Paulo*, a mesma que trouxe a manchete apocalíptica já citada aqui ("Milhares vão às ruas 'contra tudo'; grupos atingem palácios"), trouxe também, no alto da primeira página, em toda a extensão, uma foto de Pedro Ladeira que parecia retratar o próprio apocalipse. Em contrastes expressionistas, a imagem parecia ter sido pinçada de um filme de terror, desses que contam histórias de zumbis invadindo cidades de uma hora para a outra. Sobre a laje do Congresso Nacional, à noite, manifestantes de braços erguidos exultavam. Como estavam bem de frente para os holofotes que iluminam as curvas do monumento desenhado por Oscar Niemeyer, produziram um efeito visual fantasmagórico. Suas sombras se projetavam sobre a parede branca do grande prato de concreto que se abre para cima, o da Câmara dos Deputados, como numa procissão de assombrações na capital federal.

Efetivamente, "milhares" tinham ido às ruas "contra tudo". Centenas de milhares de pessoas, em doze capitais, tinham protestado contra, além das tarifas, os gastos públicos nas obras da

Copa do Mundo e a corrupção. Grupos mais exaltados tinham danificado palácios e instalações públicas. Como sugeria aquela fotografia com ar de *Resident Evil*, o país estava sem prumo e sem rumo. Se discos voadores de verdade tivessem aterrissado no Maracanã, no Rio de Janeiro, na praça da República, em São Paulo, e na praça dos Três Poderes, em Brasília, despejando centenas de milhares de ETS, a desorientação dos governantes não seria maior. As multidões convulsionadas não portavam crachás de sindicatos, de partidos, de ONGS, de nada. De onde tinham surgido? A mando de quem? As centrais de inteligência não sabiam o que dizer. Apenas se perguntavam, sem cessar. E perguntavam a qualquer um que, por acaso, estivesse do outro lado do telefone: Como aquilo era possível? Como é que cidadãos ordinários tinham se transformado, assim, sem mais nem menos, em furibundos ativistas urbanos? Seriam os *gremlins* do filme de Spielberg? Quem tinha dado treinamento a eles? Será que haviam passado por uma lavagem cerebral via internet? Quem tinha urdido a revolta? Quem havia tido a astúcia de comandar um levante tão surpreendente?

Tudo parecia fora de controle e fora de ordem. Nos gabinetes blindados, os homens e as mulheres do poder buscavam um vilão para prender ou para cooptar e não o encontravam. Não era possível. Aquilo tinha que ter um culpado. Na cabeça dos governantes, não havia isso, de pessoas comuns irem para as ruas, assim, sem obedecer a ordens de um conspirador secreto. Mandavam vasculhar a web profunda (*deep web*) em busca dos inimigos insidiosos, e nada. Não achavam e não conseguiam entender.

As autoridades insistiam no erro: tentavam ver com lentes velhas um evento novo. Não conseguiam assimilar o mecanismo da replicação mimética, típica da era da imagem eletrônica potencializada pelas redes sociais, que já tinha mostrado sua face em outros países, na Espanha, com os Indignados, na Primavera Árabe, nas marchas estudantis do Chile. Não tinham se dado conta de que o segredo desse tipo de replicação mimética reside não naquilo que se oculta, mas no que mais se mostra.

Acima de tudo isso, as autoridades nem sequer desconfiavam do deslocamento tectônico que a era digital impôs sobre as temporalidades da vida social. Não viam que, no âmbito da sociedade civil, o intervalo entre a ideia e o ato tinha diminuído drasticamente e para sempre. Não viam que essa diminuição havia se dado *apenas* no âmbito da sociedade civil, não no âmbito do Estado. Esse era o maior problema que elas teriam de enfrentar.

O divórcio temporal entre a língua do Estado e a da sociedade
Os conceitos de mundo da vida *e de* esfera pública *se redefinem no asfalto de junho*

Com os olhos presos a um tempo envelhecido (o tempo do Estado), os gerentes do poder procuravam olhar para um tempo do futuro (o tempo da sociedade civil e das esferas públicas interconectadas). Olhavam, olhavam e não viam nada direito. Demorariam muito tempo para reconhecer que a temporalidade da vida social tinha deixado para trás a temporalidade do Estado. Aprisionados aos ritos processuais da máquina estatal, foram surpreendidos com o incremento da velocidade de formação da vontade e da opinião dos cidadãos em sociedade. Quando deram de cara, num susto, com essa velocidade, ficaram assombrados: as pessoas comuns tinham se tornado aptas a pensar e se manifestar sem depender de caudilhos ou de caciques. O cidadão comum tinha sido ativado num registro que não coincidia (nem precisava coincidir) com o dos trâmites da antiga política, de viés paternalista, nos quais se seguiam orientações centralizadas.

É verdade que muitos dos políticos profissionais que olhavam para as ruas com olhos de pavor já tinham tido contato com a literatura do início do século xx, que falava de "espontaneísmo das massas". Conheciam Rosa Luxemburgo. Agora, porém, estavam diante de outro tipo de coisa. Aquilo não era espontaneísmo; era algo mais repentino, mais desconcertante e mais devastador.

O descompasso entre a temporalidade da sociedade civil e a temporalidade do Estado tinha vindo para ficar. A aceleração das práticas comunicativas da *esfera pública* e do *mundo da vida* ultrapassava a cadência da burocracia estatal, como um jato que ultrapassa um urubu. As redes interconectadas deram mais densidade, mais alcance e mais vigor para os processos naturais do mundo da vida, o que turbinou os ritmos próprios de formação e dissolução de consensos e dissensos na esfera pública.

Neste ponto, quando esses dois conceitos — mundo da vida e esfera pública — comparecem a esta análise, é necessário fazer uma recapitulação sucinta de seus sentidos. As duas categorias são emprestadas de Jürgen Habermas. Para o conceito de mundo da vida, especificamente, haveria outras fontes possíveis, como Edmund Husserl, Alfred Schutz ou Thomas Luckmann, mas o modelo estabelecido por Habermas, que se tornou amplamente aceito na bibliografia acadêmica, abrevia nosso trabalho e não impõe atrasos maiores ao exame que interessa.

Ao conceber o mundo da vida como um espaço social contíguo ao da esfera pública, Habermas articula um e outro de forma concatenada. O mundo da vida pode ser entendido, de início, como o lugar em que a vida cotidiana acontece ou, se preferirmos, o lugar onde se dão os entendimentos entre os agentes (atores sociais) que fazem a vida acontecer. "Ao atuar comunicativamente", escreve o autor, "os sujeitos se entendem sempre no horizonte de um mundo da vida. Seu mundo da vida está formado de convicções de fundo, mais ou menos difusas, mas sempre aproblemáticas".* O adjetivo "aproblemático" é a chave. Ele qualifica os

---

* Jürgen Habermas, *Teoría de la acción comunicativa*. Madri: Taurus, 1987. v. 1, p. 104.

temas que não são problematizados pelos agentes. Não são objeto de controvérsias tácitas ou expressas. Aproblemático é um conteúdo, um valor ou uma prática que não suscita dúvidas de fundo nas rotinas do mundo da vida. Mas a base do mundo da vida "de modo algum se compõe somente de certezas culturais"* ("certeza" no sentido daquilo que não é tematizado como problema na comunicação entre os participantes da situação). O mundo da vida incorpora também "habilidades individuais, o saber intuitivo e práticas socialmente arraigadas".**

Em virtude dos padrões tecnológicos vigentes até há pouco tempo, o mundo da vida ficava mais distante da esfera pública. Os vasos comunicantes entre as duas categorias não eram tão fáceis, tão diretos, tão franqueados. No mundo da vida, as pessoas se conversavam, se encontravam num bar ou num batizado e, no máximo, podiam se falar ao telefone. Então, os meios de comunicação ao alcance de um garoto no recolhimento de seu quarto explodiram. O que a eclosão de junho de 2013 jogou na cara de todos foi exatamente isto: o mundo da vida tinha se tornado mais complexo, mais aparelhado e mais vigoroso. Novas capilarizações comunicativas passaram a lhe oxigenar as células e a lhe fortalecer o tecido. Com isso, os seus vasos comunicantes com a esfera pública também se complexificaram e ganharam um vigor inédito. Os meios pelos quais os sujeitos se entendiam (ou se desentendiam) no horizonte de um mundo da vida tinham adquirido mais potência. A voz de um indivíduo anônimo poderia ser a voz de 1 milhão em um intervalo exíguo, e isso sem depender de partidos, sindicatos, igrejas, ONGs ou governos, sem depender dos órgãos convencionais de imprensa, sem depender de uma cadeia sequencial de mediações intercaladas.

* Ibid., v. 2, p. 192.
** Id.

Junho de 2013 foi a forma como essa notícia calhou de chegar ao Brasil. O mundo da vida era outro. Junho de 2013 deixou patente que, com o advento da internet, o mundo da vida tinha sido plugado a um reator nuclear, numa redefinição dos padrões tecnológicos que alterou também suas conexões com a esfera pública e alterou, por fim, a própria esfera pública.

Habermas também conceitua esfera pública. Para ele, a esfera pública é "uma estrutura comunicacional enraizada no mundo da vida através da rede de associações da sociedade civil".* O filósofo adverte reiteradamente que a esfera pública não é instituição formal, assim como não é um arranjo posto pelo ordenamento jurídico. É, sim, um "espaço social gerado pela comunicação",** espaço que não é Estado e não se confunde com ele, embora o tangencie e atue sobre ele. "Tal como o mundo da vida como um todo, a esfera pública também é reproduzida através da ação comunicativa."*** É um espaço comunicacional mais amplo, mais dinâmico e mais ágil do que qualquer instituição a que possa dar origem ou abrigar.

O modelo de Habermas — em que pese sua morfologia um tanto mecânica, fazendo lembrar o desenho das câmaras e antecâmaras de combustão num motor movido a combustível fóssil — virou um patrimônio comum dos discursos acadêmicos sobre a gestão pública e integra hoje o senso comum em disciplinas que vão do direito à ciência política, da comunicação ao urbanismo. Nesse modelo, a esfera pública é o espaço que se eleva do mundo da vida para abrir uma zona de contato com o Estado, uma zona fronteiriça de tensão e negociação (entre cidadãos ou associações da sociedade civil, de um lado, e a autoridade oficial, de outro).

---

* Id., *Between Facts and Norms*. Cambridge, MA: MIT Press, 1996, p. 359.
** Ibid., p. 360.
*** Id.

Se quisermos uma formulação um pouco mais fina, vejamos o que propõe o autor:

> Nas sociedades complexas, a esfera pública consiste numa estrutura intermediária entre o sistema político, de um lado, e os setores privados do mundo da vida [próprios da vida privada, que alcançam também aspectos da esfera íntima] e os sistemas funcionais [relativos ao Estado e ao capital, que não pertencem ao mundo da vida], de outro.*

O mais interessante é que esse modelo não foi revogado pelo incremento das novas tecnologias. Os conceitos de mundo da vida e de esfera pública não apenas não se diluíram com a emergência das redes digitais, mas ganharam um *aggiornamento* imprevisto. A noção de esfera pública como espaço social gerado pela comunicação saiu fortalecida da chamada revolução digital. Tanto que surgiram entusiastas que passaram a ver na nova esfera pública um espaço capaz de realizar os projetos de emancipação que a antiga esfera pública burguesa, colonizada pelos meios de comunicação de massa, foi forçada a abandonar. Um desses entusiastas é Yochai Benkler, que, em *The Wealth of Networks*,** afirma:

> A esfera pública interconectada permite a muito mais indivíduos comunicar suas observações e seus pontos de vista para muitos outros, e a fazer isso de tal maneira que não pode ser controlada pelos proprietários dos meios de comunicação e não é fácil de ser corrompida pelo dinheiro como nos tempos dos meios de comunicação de massa.

---

* Ibid., p. 373.
** Yochai Benkler, *The Wealth of Networks*. New Heaven: Yale University Press, 2006, p. 11.

Talvez exista nesse pensamento uma ponta de ingenuidade ou até de encantamento. A esperança de que as redes interconectadas, ou a esfera pública interconectada, traria consigo uma nova estrutura social, comunicativa e tecnológica, que prescindiria das mediações da indústria cultural e das ferramentas midiáticas da sociedade de massas, talvez seja por demais otimista. Apesar disso, essa é uma visão que prospera. Em diversos círculos acadêmicos, essa nova esfera pública é percebida pela teoria como um ambiente mais livre, mais arejado e mais protegido contra controles unilaterais (sistêmicos) urdidos pelo Estado ou pelo capital. A nova esfera pública estaria então a salvo das colonizações e das manipulações. Daria um novo sopro de vida à própria democracia. Por muitos motivos, fica difícil embarcar nesse *wishful thinking* de Benkler.

O que é inegável, aí sim, é que o mundo da vida e a esfera pública estão completamente mudados. Tentemos descrever a mesma figura — a esfera pública gerada pelas práticas comunicativas da era digital — de um modo menos acrítico. As vias de expressão do que temos chamado de opinião pública ficaram mais inconstantes e muito mais barulhentas. Os picos instantâneos que sinalizam o humor coletivo não precisam guardar laços de coerência entre si e deixam expostos deslizamentos inconscientes. Nesse contexto, é possível que a opinião pública tenha se "mundanizado" ainda mais. Em sua dinâmica mais fútil, ela se entrega aos passatempos do entretenimento como se fossem eventos políticos, e vice-versa. Em consequência disso, as distinções clássicas entre o mercado cultural e a arena política se esvaneceram em nuvens indefinidas cujas cargas elétricas mostram inclinações ambivalentes: podem relampejar tanto para um lado como para o outro.

A esfera pública se alterou, é claro. A expansão cultural do mundo da vida se afirma como um dado irrefutável. Do mesmo modo, as linhas comunicacionais constitutivas da esfera pública passam por uma multiplicação e uma aceleração vertiginosas. Contudo, nem a esfera pública nem o mundo da vida estão imunes aos códigos da indústria da diversão, como supõem os otimistas. A tecnologia não trouxe emancipação política. A esfera pública é claramente mais veloz e tem (muito) mais massa, mas não ficou necessariamente mais livre.

Para nossa sorte, o nosso problema neste ensaio não tem a ver com o grau de liberdade na esfera pública, no mundo da vida ou no Estado. O problema que se revelou um assombro em junho de 2013 no Brasil é o descompasso de temporalidades entre a comunicação do mundo da vida (bem como da esfera pública) e a comunicação própria do Estado. Aí, nessa brecha, nesse desvão histórico, irromperam protestos, com sua carga de linguagem, de estética e de violência.

A máquina estatal não passou pelos reordenamentos estruturais que poderiam dar conta de conectá-la ao novo padrão tecnológico no qual já vive e respira a sociedade. Por isso, não estava — e ainda não está — pronta para lidar com eles. A lentidão da burocracia estatal tem peso de chumbo e, quando comparada à aceleração dos processos comunicacionais do mundo da vida e da esfera pública, assume o aspecto de uma parede de basalto, ou de uma âncora hipertrofiada, que suga o navio para o fundo do mar. Quando se encontram cara a cara, esfera pública e Estado (ou sociedade civil e Estado, se quisermos) se opõem como hardwares incompatíveis. E isso não apenas no Brasil. O tema é mundial.

A percepção repentina desse descompasso não foi — e ainda não é — palatável para os governantes. Eles tinham se acostumado a usar como passarela as cabeças estagnadas dos homens comuns. Quando elas se moveram, sentiram a terra tremer sob os seus pés.

Do *Diário Oficial* à rede social
De que maneira, e por que, as duas temporalidades se afastaram tanto e depois entraram em choque

Com o fim do mês de junho de 2013, o cenário ficou destrambelhado. Os meses de julho e agosto vieram um depois do outro, direitinho, como previa o calendário, mas, de alguma maneira, era como se junho se recusasse a ir embora na data combinada.

As passeatas se decantavam em acampamentos que ficavam ali, renitentes, marcando posição. Também nessa variável, militantes no Brasil imitavam o script dos Indignados, das praças espanholas, ou do Occupy Wall Street, em Nova York. Os protestos minguavam, mas o animus não cedia. Como caricaturas mórbidas de si mesmas, as jornadas de junho avançaram julho e agosto adentro. Eram mais amargas, mas ainda eram elas, com aquela sua estranheza impermeável às classificações escolásticas.

A estridência compacta de junho desafiou e desautorizou os rótulos políticos. Não cabia em nenhum deles, de um extremo a outro. Havia os que olhavam para as ruas e viam nelas a nova utopia, um prenúncio de um mundo solto e feliz, à imagem das redes sociais supostamente anárquicas. Havia também os aflitos que arrancavam os cabelos diante do que juravam ser um complô de reacionários da web profunda para derrubar um governo "de esquerda". Existiam elementos nos protestos que davam razão a uns e a outros, mas as duas profecias naufragaram sozinhas. Enxergavam partes e perdiam de vista o todo, que era exuberante e desafiador.

As jornadas de junho não foram unívocas. Não podiam ser descritas como a epopeia de uma juventude de esquerda empunhando as causas do socialismo. Esse palpite, lançado por analistas mais afoitos, mostrou-se uma falácia tão logo o primeiro marombado hostil começou a pisotear as bandeiras dos partidos comunistas ou criptocomunistas que andavam por ali pegando carona. Também não podiam ser descritas como uma horda reacionária, como arriscaram os que, por pressentimento, sexto sentido ou má consciência, sentiram que o golpe contra Dilma Rousseff tinha sido duro demais — e fundo. É verdade que havia gente de direita nas ruas, e bota direita nisso. Havia gente que se declarava saudosa da ditadura militar, mas as passeatas não se amoldavam aos adjetivos reacionários ou regressivos.

Em 2015 e 2016, de modo menos esfumaçado, as manifestações de 2013 iriam se desmembrar do veio principal. À direita, fluíram aquelas que batiam o pé pelo impeachment de Dilma Rousseff. À esquerda, as que atacavam a bandeira do impeachment, considerando-o um golpe. A acomodação nessas bases aparentemente se alinhou com as definições correntes de "direita" e "esquerda", pelo menos superficialmente, mas também nesse caso os rótulos não funcionavam bem. Havia forças de esquerda contra o governo, e forças da direita mais antiga e oligárquica (como as representadas por José Sarney e Fernando Collor) a favor do governo. O mais intrigante, entretanto, não é isso; não é esse *mélange* ideológico que se manifestou de um lado e de outro. O mais intrigante é que, em junho de 2013, a fronteira entre esquerda e direita absolutamente não se aplicava. Não funcionava para nada.

Aquilo veio à tona como um protesto de todos contra todo o poder estabelecido. O que é, então, que unificava aquela gente tão diferente e tão compactada?

Não adianta procurar essa resposta nas ideologias. Os conteúdos dos discursos — e os discursos eram tantos — não foram o eixo aglutinador. As jornadas de junho não podiam ser explicadas como produto de programas políticos, não resultaram de um embate entre ideários de direita e de esquerda. Aquilo foi um grito no escuro, um rugir emerso das catacumbas, um protesto enlouquecido contra um poder estatal que tinha ficado surdo, ineficiente, cego, paralisado e paralisante.

Para que aquela explosão popular inundasse as cidades, o choque entre dois padrões temporais de linguagem — o do Estado, numa ponta, e o da sociedade, na outra — pesou mais do que as ideologias. A despeito dos conteúdos, tão numerosos e tão contraditórios, o movimento parecia um só. As ruas de junho ensejaram um embate não entre causas ou partidos (ou, pelo menos, não *apenas* entre eles): o embate mais trovejante foi o que se deu entre as duas temporalidades. O relógio dos protestos não se acertava com o relógio do poder porque o tempo da sociedade não mais se coadunava com o do Estado. Fossem quais fossem as reivindicações e as queixas, o grande estrondo veio desse desacerto.

No Brasil, como já se tinha visto nos países varridos pela Primavera Árabe, o Estado demorava demais para entender e responder às insatisfações sociais que, sem ter para onde escoar, explodiam na forma de clamor material. O governo tardava. A lei tardava. A Justiça tardava (e, por tardar, falhava).

Intuindo que o que a sitiava era a demora da resposta, mas intuindo apenas parcialmente, a presidente da República resolveu tomar uma atitude: chamou seu marqueteiro de cabeceira e convocou uma rede nacional de rádio e televisão. Na noite de 21 de junho de 2013, menos de 24 horas depois de 1,25 milhão de brasileiros terem gritado contra ela nas ruas brasileiras, a chefe de Estado leu um pronunciamento em que dava respostas contundentes a perguntas que ninguém tinha feito. No meio de tanta balbúrdia, aquilo conseguiu acrescentar ainda mais perturbação ao cenário. Entre outras promessas, a presidente conclamou seus telespectadores para a necessidade de uma reforma política no país.

Precisamos oxigenar o nosso sistema político. Encontrar mecanismos que tornem nossas instituições mais transparentes, mais resistentes aos malfeitos e, acima de tudo, mais permeáveis à influência da sociedade. É a cidadania, e não o poder econômico, quem deve ser ouvido em primeiro lugar.

Quero contribuir para a construção de uma ampla e profunda reforma política, que amplie a participação popular. É um equívoco achar que qualquer país possa prescindir de partidos e, sobretudo, do voto popular, base de qualquer processo democrático. Temos de fazer um esforço para que o cidadão tenha mecanismos de controle mais abrangentes sobre os seus representantes.

Na segunda-feira seguinte, dia 24 de junho, em uma reunião com prefeitos e vereadores chamados a Brasília para discutir os protestos, a presidente radicalizou sua proposta. Sugeriu um plebiscito para convocar uma Constituinte exclusiva para fazer a reforma política. A proposição mirabolante não sobreviveu por 24 horas. Não só porque as ruas não estavam pedindo nada disso, mas também porque os juristas a recusaram por ser inconstitucional e os parlamentares da Câmara e do Senado se enfureceram — logo viram que, sendo exclusiva, a Constituinte de Dilma Rousseff iria excluí-los. Para encurtar ainda mais a curta história: a ideia da Constituinte exclusiva foi assassinada a sangue-frio, no berço, menos de um dia depois de nascer.

81

A manobra que morreu tão rapidamente deve ser vista agora, em retrospectiva, como um sintoma a mais do encarquilhamento comunicacional do Estado e do governo. O que se deu naquele comunicado foi um dos mais desastrados lances de marketing da história recente do país. Em sua comunicação ditada pelo lugar-comum, Dilma quis matar dois coelhos com uma cajadada só. Tentou fazer média com a ira popular e, simultaneamente, tentou dar uma rasteira no Congresso. Deu tudo errado, é claro. Só o que a chefe de Estado conseguiu foi chamar para si um amontoado de problemas que ninguém achava que fossem dela (como a desmoralização total do transporte público urbano, para o qual propôs um pacto nacional que seria também esquecido logo adiante). Para as reclamações sobre as mazelas concretas da vida prática (trens e ônibus aviltantes, saúde pública doente, educação deformante e gatunagem impune do dinheiro público), acenou com soluções abstratas, complicadas, inexequíveis, incompreensíveis e, principalmente, morosas. Em vez de dar mais agilidade aos processos do governo e do Estado, retardou-os ainda mais. Num país em que um grupelho de estudantes da USP conseguia, em um intervalo de 72 ou 48 horas, convocar um ato público e congestionar a maior cidade do subcontinente, o governo federal tinha demorado um mês para inventar uma resposta rocambolesca com um itinerário tortuoso que demoraria mais de um ano para ser implementada — isso se tivesse sido entendida e aceita. Foi um vexame.

A presidente se recusava — e continuaria a se recusar — a constatar que o Estado vivia — e continua a viver — em uma era histórica, e a sociedade, em outra. O problema estava — e ainda está — muito mais aí.

A máquina do Estado moderno teve a sua temporalidade interna definida, a partir do século XVIII, pelos paradigmas temporais da comunicação dos jornais diários impressos. O processo fica mais visível em países como França e Estados Unidos, mas comparece, de modo geral, à conformação de todos os Estados nacionais que aí estão. O andamento dos ritos estatais replicou o paradigma temporal da imprensa industrial, que vicejou a partir de fins do século XVIII e ganhou forma estável em meados do século XIX. O fato de os *Diários Oficiais* serem como são até hoje, publicados a intervalos regulares de 24 horas, não circulando aos sábados e domingos, serve de indicativo dessa descendência direta que vincula a máquina estatal e a própria organização geral do Estado, bem como sua teoria vigente, à temporalidade dos jornais diários.

Mais ou menos aprisionada a essa matriz, a temporalidade da máquina estatal enfrenta, no mundo todo, os efeitos graves dos descompassos que hoje se apresentam de modo mais dramático e premente. O Estado brasileiro, forjado menos dos inputs de uma sociedade da qual tenha afluído e mais do transplante do Estado português, acrescido da importação direta de fórmulas francesas e americanas, transplantadas para o Brasil nos séculos XIX e XX, não dispôs, em junho de 2013, dos expedientes institucionais e tecnológicos para dar conta do ritmo exigido pela sociedade, que respira, delibera e forma suas opiniões na velocidade das redes interconectadas. Assim, não se pode menosprezar o retardamento do Estado e do governo para ouvir e dar respostas — não tanto na forma do atendimento de reivindicações pontuais, mas sobretudo na forma de um diálogo bem equacionado, fluente e permanente — quando se trata de entender os filamentos de energia dos protestos de junho de 2013. Vale repetir: elas não se formaram porque continham reivindicações comuns a todos os seus participantes, mas, em grande medida, porque nenhuma das reivindicações parecia encontrar guarida nos guichês de um Estado inerte e pesado (além de incompetente e corrupto). Junho de 2013 resultou de um choque entre duas temporalidades cujas vias de contato tinham se esgotado.

Em outras palavras, o choque era comunicacional. Era da ordem da linguagem. Enquanto o Estado mal se movia, acorrentado à periodicidade sufocante do *Diário Oficial*, a sociedade gritava no andamento da temporalidade da TV ao vivo, da internet, da era digital. Enquanto o Estado se arrastava na *instância da palavra impressa*, a sociedade pulsava na instantaneidade e na ubiquidade da *instância da imagem ao vivo*.

Detalhemos um pouco mais esse conceito.

> Por *instância da imagem ao vivo* não se deve entender estritamente o advento das ditas transmissões ao vivo. Entende-se a condição imediata e permanente de estar ao vivo a qualquer instante: *a instância da imagem ao vivo* não é a imagem ao vivo, em si, mas o lugar social que lhe serve de sede a partir do qual ela se irradia e para o qual ela converge. O on-line é, portanto, parte dessa instância, posto que a prolonga.*

O mundo integrado pela instância da palavra impressa pressupõe o cidadão que integra o público letrado, o cidadão capaz de ler e de escrever, com participação ativa no debate público posto pelos jornais diários que, com seu dinamismo característico, engendrarão os contornos do modelo predominante de Estado moderno. Não surpreende que o alcance territorial da instância da palavra impressa coincida com o alcance mais ou menos pretendido pelas fronteiras nacionais. Outro dado crucial na instância da palavra impressa é que, nela, a natureza da comunicação tem mais proximidade com o argumento racional e com uma retórica argumentativa (posto que ela se processa por meio do texto escrito). Na fórmula hoje clássica do jornal diário de relevância nacio-

---

* Eugênio Bucci, "Em torno da instância da imagem ao vivo". *Matrizes*, São Paulo, ano 3, n. 1, ago./dez. 2009, pp. 65-79.

nal, a ficção ocupa lugar marginal, e os passatempos e divertimentos são um tempero coadjuvante.

Na instância da imagem ao vivo, várias dessas características se deslocam, se invertem ou são simplesmente pulverizadas, a começar pelas fronteiras nacionais. A comunicação própria dos meios eletrônicos e da era digital, que deixa de ter na palavra impressa seu suporte estruturante e busca o seu centro na imagem, deixa para trás as fronteiras nacionais, mais ou menos como um avião que decola deixa lá embaixo a pista do aeroporto. Não foram poucos os autores que viram nesse voo alto da comunicação social a emergência de uma comunidade transnacional posta pela atividade comunicativa. Octavio Ianni, por exemplo, começou a falar em *sociedade civil global*.

O que começa a predominar, a apresentar-se como uma determinação básica, constitutiva, é a sociedade global, a totalidade na qual pouco a pouco tudo o mais começa a parecer parte, segmento, elo, momento. São singularidades, ou particularidades, cuja fisionomia possui ao menos um traço fundamental conferido pelo todo, pelos movimentos da sociedade civil global.*

Vistos dessa forma, como transbordamento de uma temporalidade que se impacienta diante de outra que a retarda e desarticula, os protestos de rua que vêm irrompendo em países distintos não se definem prioritariamente por ser de esquerda ou de direita, embora possam pender mais para a esquerda ou mais para a direita conforme as conjunturas contra as quais se levantam. A orientação ideológica diferencia uns de outros, evidentemente, mas o que os torna semelhantes em toda parte — apesar

---

* Octavio Ianni, *A sociedade global*, 6. ed. Rio de Janeiro: Civilização Brasileira, 1998, p. 39. Ver também as referências ao "cidadão do mundo", p. 107.

de conteúdos programáticos tão diferentes — é a emergência do confronto aberto entre a velocidade da formação da opinião pública (que se dá na instância da imagem ao vivo) e a lentidão da máquina estatal (presa à instância da palavra impressa), que não consegue dar respostas rápidas e eficazes.

Outro ponto a se levar em conta — e que põe em relevo a materialidade da representação na ordem da instância da imagem ao vivo — é que o engalfinhamento entre as duas temporalidades não é apenas um efeito, mas causa do acirramento dos protestos. Os manifestantes, sejam eles mais ou menos cordatos, sublevam-se contra um inimigo comum: a letargia administrativa e a opacidade do Estado, que, vagaroso, escuro e impermeável, parece indiferente, insensível e, mais grave ainda, parece não ser público.

Dessa forma, podemos entender por que a tal reforma política talvez não fosse — e continua não sendo — suficiente para promover a mudança mais necessária na máquina do Estado — e no conceito mesmo de Estado. Mais do que ajustes nas fórmulas de representação partidária ou de financiamento dos partidos, o que o Estado (não apenas o brasileiro) requer (para servir à sua respectiva sociedade) é uma atualização de seus trâmites, em vários níveis, à luz dos novos padrões tecnológicos e das novas dinâmicas sociais engendradas pelas novas dinâmicas da comunicação social, onde repousa, em trânsito, a matéria inconfundível de que é feita a esfera pública. Não se trata de fazer a Justiça funcionar no ritmo de um *reality show*; por certo, uma Justiça na velocidade da luz é uma não Justiça. Não se trata, tampouco, de pretender que o processo legislativo passe a operar nos moldes de um Facebook ou de um WhatsApp; nada disso. É claro que *também* se trata de adotar processos menos arrastados em todas as instâncias do Estado, mas se trata, principalmente, de redesenhar a administração pública de acordo com modelos institucionais novos, que estejam aptos a acolher as demandas sociais e a entabular com elas entendimentos ágeis e efetivos, em prazos justos e com consequências eficazes.

Em suma, junho explodiu como explodiu porque esses modelos institucionais novos não existem nem nos melhores sonhos dos melhores governantes.

O mundo da vida, que tudo arrasta
E o fascismo como pretexto conservador dos áulicos do governismo

O olhar oficial recusava o que era óbvio e simples — pois isto, o que era óbvio e simples, era muito desafiador. Com as vias de comunicação desobstruídas, as pessoas simplesmente ignoravam a burocracia estatal e outros entraves, e se punham em contato numa escala que antes era impossível, impraticável. Elas se falavam, se combinavam, se acertavam e partiam para a ação. O mundo da vida saía das redes digitais e se plantava no asfalto. Diante disso, o olhar oficial ficou atônito. Como não admitia que o mundo da vida pudesse ser a fonte necessária da ação política e daquela série de passeatas em sequência, e como não aceitava que gente comum pudesse assumir o papel de protagonista de atos públicos, repelia a perspectiva de que formas de comunicação menos hierarquizadas, mais horizontais, tivessem a energia e o discernimento para gerar protestos monumentais. Tinha de haver um cérebro por trás deles. Não era possível. Onde já se viu? Desde quando o povo por sua própria conta tem condições de organizar passeatas tão grandes?

Procurando inimigos secretos, as autoridades não viam o

que estava escancarado. Os protestos praticamente não tinham palanques, e nisso diferiam de quase todos os atos que haviam sido vistos até então no Brasil. Não tinham comandos estruturados. Havia lideranças cumprindo as vezes de guardas de trânsito ("Vamos virar na próxima à esquerda!"), mas essas lideranças não davam a linha política. Depois que o Movimento Passe Livre (MPL) perdeu o domínio sobre as convocações, nem mesmo as bandeiras eram unificadas ou centralizadas.

Além de não serem centralizadas, as bandeiras eram apartidárias, ou mesmo avessas às siglas partidárias, o que deu vazão a uma ojeriza difusa a tudo que lembrasse partido político. Grupos mais primários repeliam, na base de safanões, militantes de partidos e organizações de esquerda. Houve também agressões a jornalistas, em lances de estilo fascista. O repórter Caco Barcellos sofreu intimidações físicas durante uma passeata no largo da Batata, em São Paulo, no dia 17 de junho. Por ser funcionário da Rede Globo, Barcellos foi enxovalhado como se fosse um preposto das classes dominantes. Seus agressores provavelmente se imaginavam radicais de esquerda.

No dia 18 de junho, na frente da prefeitura municipal de São Paulo, uma viatura da reportagem da TV Record foi incendiada por bandos exaltados que lembravam as falanges de camisas pretas na Itália dos anos 1920, sob a liderança de um jovem musculoso de nome Benito Mussolini, que gostava de quebrar lojas grã-finas e os ossos dos adversários.

No entanto, o sentimento de apartidarismo em 2013, apesar de dar ensejo à fantasia totalitária de uma sociedade sem partidos, trazia consigo também a aspiração por uma política menos tiranizada pelas cúpulas dos partidos estabelecidos. Essas duas possibilidades, uma fanática e a outra libertária, ainda conviviam nas mesmas multidões em 2013. Naquele mar em que surgiam precipitações de violência sombria, havia também demandas espalhadas pela renovação do Estado de direito (às quais os conselheiros de Dilma Rousseff se apegaram para levá-la a propor a Constituinte exclusiva para a reforma política).

Tomando os acessos de fascismo como pretexto, intelectuais de esquerda exprimiram uma enérgica censura aos protestos. Os melhores anteviram, com intuição poderosa, que a era dos governos petistas estava ferida de morte. Era só uma questão de tempo. Como sua intuição acertada não encontrava solução teórica em seu discurso, defasado, só o que puderam enunciar foi a rejeição contra as manifestações, numa censura moralista e conservadora até a medula. Por falta de repertório para entender o fato óbvio, só lhes restou repudiá-lo. O que rejeitavam, porém, não eram os sintomas de fascismo, mas sim a possibilidade de mobilizações apartidárias rivalizarem com os partidos, tirando deles a iniciativa política e, principalmente, a ascendência sobre o movimento de massas. Esses intelectuais queriam combater o enfraquecimento dos aparelhos e, por isso, só por isso, tentavam reduzir todas as passeatas a um regurgitar extemporâneo de doutrinas reacionárias.

Erraram feio. Junho de 2013 não podia ser reduzido a uma golfada de reacionarismo. As pessoas nas ruas não ligavam para os partidos porque definitivamente não queriam para si — ou para a sua turma — o emprego do governador ou o do prefeito. Não lançavam candidaturas ao que quer que fosse. Não se apresentavam aos governantes como seus rivais, opositores ou concorrentes. Não queriam o poder. Queriam ser bem tratadas pelos serviços públicos, isso sim. Eis o que jorrava diretamente do mundo da vida cibernético, um mundo da vida virtual, e ganhava corpo físico em cima do asfalto, mais material impossível. O embate, naquele momento, não era partidário.

Mais do que uma rinha eleitoral, o asfalto virou sede de uma comunicação em processo cuja pauta, que se alastrava pelo tecido da cultura, ia além do contorno das disputas partidárias. O que se espalhou pelo Brasil afora foi a confluência transbordante de fluxos incontáveis de flashmobs dispersos num megaflashmob "contra tudo". Esse megaflashmob soube capturar o olhar da nação exatamente porque soube encenar, teatralizar a tensão com lances de uma performance que flertava com a violência, de que as câmeras são adictas. A figuração daquela violência líquida das multidões que tudo arrastavam foi uma de suas táticas instintivas de propaganda.

No final dos anos 1970, a tendência estudantil Liberdade e Luta vendia um cartaz com uma foto em preto e branco de jovens erguendo uma barricada na rua. Em letras vermelhas, vinha uma frase entre aspas, de Bertolt Brecht: "Do rio que tudo arrasta se diz violento, mas não se dizem violentas as margens que o oprimem". Era um apelo adolescente, endocrinologicamente adolescente. O corpo que cresce à custa de explosões hormonais toma tudo aquilo em que esbarra, sejam roupas, paredes, balaustradas ou cordões de isolamento, como obstáculos hostis. Sejam físicas ou não, as instituições são barreiras contra a expansão imperiosa da vida adolescente. O rio que tudo arrasta é a metáfora heroica do corpo adolescente e das passeatas escorrendo pelas ruas, líquidas como os hormônios e avassaladoras como as enchentes. Os militantes da Liberdade e Luta queriam ser o rio de Bertolt Brecht.

Em junho de 2013, a velha frase ecoou na cabeça dos poucos que tinham vivido aquele outro tempo de passeatas e não haviam perdido a esperança nas ruas. Enquanto isso, o discurso ajuizado das autoridades enaltecia o imobilismo. É como se dissessem: "Vocês não precisam ir às ruas porque nós já estamos tomando conta dos problemas de vocês". A fala dos governantes que se imaginavam representantes universais dos sonhos alheios ocupava agora o lugar das margens brechtianas. Os partidos que se arvoravam portadores da totalidade das reivindicações dos mais fracos corriam para reforçar as paredes espessas dessas mesmas margens simbólicas. Só com palavras, as falas autoritárias tentavam impor sobre as ruas o manto do silêncio e da acomodação resignada. Ainda bem que não conseguiram. Quando os supostos representados saíram da imobilidade obediente e romperam as cercas simbólicas, os caciques sentiram medo e olharam para os manifestantes como se olhassem para zumbis. Só o que lhes restava era acusá-los de ser fascistas. Aos olhos deles, aquele rio, que rolava como uma torrente de contradições instáveis, prenunciava o esgotamento do reinado dos aparelhos. Era um rio muito perigoso.

Outra mídia é possível?
A Mídia Ninja *como crítica à imprensa*

Os vasos comunicantes revigorados entre o mundo da vida e a esfera pública, passando pelos meios de comunicação de massa, vieram à luz com o aparecimento de mais uma das surpresas de junho. No meio da violência que atingia também os jornalistas — às vezes vinda da tropa de choque, como no caso do tiro que quase cegou a fotógrafa Giuliana Vallone, da *Folha de S.Paulo*, outras vezes vinda de brucutus infiltrados na multidão, como no caso da agressão a Caco Barcellos, da Rede Globo —, a instituição da imprensa era questionada o tempo todo. As redes sociais combatiam os laços dos meios de comunicação com o poder econômico e com o poder do Estado.

Foi no bojo dessa onda que floresceu a Mídia Ninja. Idealizada pelo jornalista Bruno Torturra e fundada em parceria com o Circuito Fora do Eixo (um grupo de cultura alternativa que daria apoio expresso à candidatura de Dilma Rousseff em 2014), a Mídia Ninja entrou em atividade fazendo guerrilha midiática através de uma página no Facebook inaugurada em março de 2013.*

---

* Bruno Torturra, "Olho da rua". *piauí*, n. 87, dez. 2013, pp. 22-31. O texto tam-

O coletivo dava notícias ao vivo, in loco, a quente, dos protestos juninos. Como a avalanche humana, parecia ter surgido do nada, de repente. Era uma usina de reportagens-relâmpago, geradas por ativistas que eram ao mesmo tempo narradores e protagonistas dos enfrentamentos. Por aquele novo canal de comunicação, vídeos e relatos alternativos brotavam das entranhas do mundo da vida para alcançar a esfera pública como um foguete que voava alto. As ruas inflamadas eram a plataforma de lançamento.

A palavra "ninja" carregava o vírus moderno da ironia. Anunciava-se como o acrônimo de um nome por extenso que podia ser lido como um manifesto conciso: Narrativas Independentes, Jornalismo e Ação; mas também soava como piada. A ouvidos menos atentos, poderia soar como referência ao desenho (ou, mais recentemente, à série de filmes) das Tartarugas Ninja, um pastelão infantojuvenil que tinha sido sucesso de bilheteria, mas a logomarca do projeto não tinha nada de tartarugas ou de gozação. Estava mais para guerrilheira. Numa imagem em preto e branco, em close e em alto-contraste, um rosto mascarado olhava para a câmera. Apenas os olhos amendoados ficavam expostos; o nariz, os cabelos e a boca estavam cobertos por um tecido que bem poderia ser um cachecol, uma *pashmina* ou um *keffiyeh*. Aqueles olhos tinham um quê de orientais ou, quem sabe, de palestinos. Podiam ser de uma garota ou de um garoto. Eram adolescentes, por certo. O modo como o tecido escuro cobria a face lembrava os ninjas dos filmes de artes marciais, ou os jovens rebeldes da intifada, embora também tivesse a ver com o aspecto dos presidiários brasileiros que, nas rebeliões que incendeiam as cadeias, escondem o rosto com a camiseta enrolada na cabeça. Ali

---

bém está disponível em: <http://revistapiaui.estadao.com.br/materia/olho-da-rua/>. Acesso em: 21 maio 2016.

estava um personagem entre a lei e a insurreição, entre a luz e a sombra, entre a candura e a brutalidade. Ali estava um black bloc que resolvera virar repórter. Operando nessa fronteira fluida entre a ordem e a transgressão, a Mídia Ninja fazia troça da imprensa que, à guisa de ser imparcial, tinha se permitido envelhecer.

Armados de celulares e equipamentos portáteis (transportados em carrinhos de supermercado dentro das passeatas), os ninjas ocuparam um espaço até ali inacessível para a imprensa profissional. Normalmente, suas reportagens instantâneas iam ao ar nas redes sociais. Algumas imagens dos protestos — e das prisões arbitrárias — só os ninjas tinham. Para ganharem a audiência de milhões, foi uma questão de dias.

Diferentemente dos repórteres dos veículos comerciais, os militantes-repórteres da Mídia Ninja trafegavam à vontade por aglomerações. Nas áreas em que um jornalista engravatado era visto com desconfiança ou repulsa, os ninjas estavam em casa, testemunhando e transmitindo ao vivo cenas que ficavam além do alcance das câmeras das grandes emissoras. Pelos olhos deles, o espaço off do telejornalismo ganhou com estardalhaço a esfera pública. A partir do mês de julho, conquistaram o horário nobre na televisão e entraram com grande pompa no *Jornal Nacional*, com crédito e tudo. A Mídia Ninja se tornou, então, fonte obrigatória da imprensa careta.

Quando se tratava de mostrar ao telespectador o que tinha se passado nos atos públicos, os telejornais não podiam prescindir do prestimoso auxílio das lentes ninjas. Era na fronteira do invisível que aconteciam as notícias. Essa fronteira — que também separava a lei do caos — era o habitat dos ninjas. Junho já ia ficando para trás, mas as notícias dos protestos ainda preocupavam a opinião pública e ocupavam ocasionalmente a pauta jornalística.

Em julho, as lentes ninjas se tornaram essenciais para o noticiário em horário nobre, especialmente para denunciar abusos de agentes policiais. Na edição de 24 de julho de 2013, uma quarta-feira, o *Jornal Nacional* veiculou uma reportagem de Paulo Renato Soares que desmontou, com informações exclusivas, a farsa policial montada para incriminar o estudante Bruno Ferreira Teles.*

Dois dias antes, na segunda-feira, 22 de julho, Bruno tinha sido preso, acusado de portar coquetéis molotov, numa manifestação perto do Palácio da Guanabara, no Rio de Janeiro. A acusação contra ele era repetida incessantemente em vários comunicados oficiais das polícias Civil e Militar. O único senão é que eram inteiramente falsas, como o *Jornal Nacional* comprovou. O próprio policial que prendera o estudante negava que ele estivesse com explosivos. Naquela noite, o *Jornal Nacional* também recorreu à Mídia Ninja, que tinha entrevistado Bruno Teles na delegacia, logo depois da prisão. O entrevistado negava categoricamente as acusações. O *Jornal Nacional* exibiu trechos dessa entrevista, dando os devidos créditos, e, na sequência, mostrou vídeos gravados durante a manifestação, tanto pelos ninjas como por cinegrafistas da própria Globo, que provavam cabalmente que Bruno não portava mochilas ou garrafas incendiárias. Sem o olho ninja, essa prova contundente teria sido impossível.**

---

* A matéria do *Jornal Nacional* tinha cinco minutos e 49 segundos; o material da Mídia Ninja ocupou dois minutos e dezessete segundos da matéria. "Paulo Renato Soares. Estudante preso durante manifestação no Rio não portava explosivos." Disponível em: <https://globoplay.globo.com/v/2713906/>. Acesso em: 21 maio 2016.
** Na edição da véspera, terça-feira, 23 de julho, o *Jornal Nacional* dera grande destaque à Mídia Ninja na primeira reportagem sobre a manifestação de segunda-feira. No dia 23, o telejornal da Rede Globo noticiou a prisão de um integrante do coletivo, Filipe Peçanha, também conhecido como Carioca, que tinha sido liberado logo em seguida. Filipe transmitira sua própria prisão, ao vivo, de dentro do camburão, pelo Facebook. Conseguiu 2861 curtidas, 312 comentários e 5667 compartilhamentos. A Mídia Ninja seria citada outra vez no *Jornal Nacional* na edição do dia 25 de julho.

São Paulo, 15 de maio de 2014: Um grande boneco em forma de crânio vestindo a camisa da seleção brasileira simboliza a morte de catorze trabalhadores durante as obras para a Copa do Mundo.

Em 20 de junho de 2013, manifestantes agitam a bandeira do Brasil para celebrar a redução do preço das tarifas de ônibus.

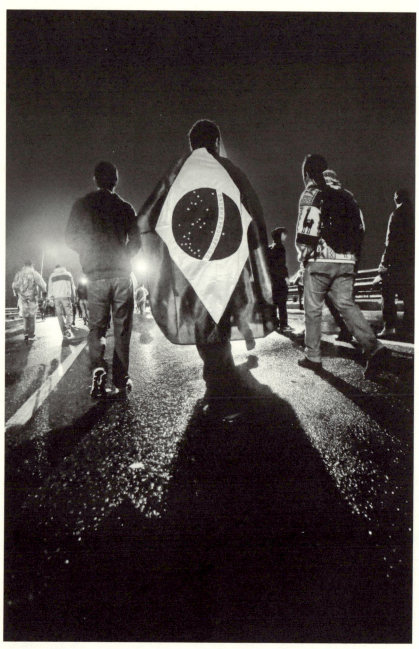
Protesto em Florianópolis em 20 de junho de 2013.

Manifestantes atacam blindado da polícia durante protesto contra o aumento da tarifa de ônibus, no Rio de Janeiro, em 20 de junho de 2013.

Manifestantes ajoelham em frente a pelotão da tropa de choque, durante protesto pela redução da tarifa, entre a rua da Consolação e a rua Maria Antônia, em São Paulo, em 13 de junho de 2013.

Jovens quebram vidro da estação Trianon-Masp do Metrô, na avenida Paulista, em São Paulo, em 11 de junho de 2013.

São Paulo, 13 de junho de 2013: policiais tentam impedir a concentração de manifestantes na avenida Paulista; ciclista deita na via para pedir que a polícia pare.

Adepto da tática black bloc após manifestação em São Paulo, em junho de 2013.

Folha de S.Paulo

Desde 1921 ★ ★ ★ UM JORNAL A SERVIÇO DO BRASIL folha.com.br

DIRETOR DE REDAÇÃO: OTAVIO FRIAS FILHO ANO 93 ★ TERÇA-FEIRA, 18 DE JUNHO DE 2013 ★ Nº 30.757 EDIÇÃO SP/DF ★ CONCLUÍDA À 0H58 ★ R$ 3,00

Em Brasília, aos gritos de 'o Congresso é nosso', manifestantes quebram cordão de isolamento da PM e invadem a laje da sede do Legislativo; segurança do Planalto foi reforçada

Milhares vão às ruas 'contra tudo'; grupos atingem palácios

★ MANIFESTAÇÃO É A MAIOR NO PAÍS DESDE O 'FORA, COLLOR' (1992) ★ EM SP, MAIS DE 65 MIL PROTESTAM, DIZ DATAFOLHA ★ ASSEMBLEIA DO RIO É ATACADA E SEDE DO GOVERNO PAULISTA SOFRE TENTATIVA DE INVASÃO

Cartazes dos protestos pelo país

Largo da Batata, local da concentração inicial dos manifestantes na capital paulista

Centenas de milhares de pessoas foram às ruas em 12 capitais do país para protestar contra aumento das tarifas de transporte, corrupção, gastos da Copa do Mundo e para reivindicar a melhoria de serviços públicos, como saúde, educação e segurança, entre outras demandas. Políticos também foram alvos, como a presidente Dilma (PT), os governadores Alckmin (PSDB-SP) e Cabral (PMDB-RJ) e o prefeito Haddad (PT-SP).

Foi a maior onda de protestos políticos no país desde os caras-pintadas, em 1992, pelo impeachment do então presidente Collor.

A maioria das manifestações foi pacífica, mas houve vandalismo contra sedes do poder. Em São Paulo, um portão do Palácio dos Bandeirantes foi derrubado —a polícia impediu a invasão. No Rio, onde o protesto juntou 100 mil pessoas, um grupo atacou a Assembleia Legislativa. Em Brasília, militantes tomaram o teto do Congresso Nacional.

Na capital paulista, o ato reuniu ao menos 65 mil pessoas, segundo o Datafolha. Dos participantes, 84% disseram não ter preferência partidária. Um novo protesto está marcado para hoje, às 17h, na Sé. **Cotidiano C1**

ATMOSFERA Cotidiano C11
Sol entre nuvens em São Paulo
Mínima 19ºC Máxima 29ºC

310.003 exemplares
impressos + digitais

RODÍZIO Cotidiano C11
Não devem circular carros
com placas cujo final seja: 3 ou 4

EDITORIAIS Opinião A2
Leia "Protestos e vaias", acerca de mudança no clima político brasileiro, e "O Irã se move", sobre eleição do clérigo Rowhani para a Presidência do país.

FERNANDO RODRIGUES
Desfecho do movimento é imprevisível
_____ Cotidiano C3

Se tarifa do transporte fosse zero, valor do IPTU dobraria em SP
_____ Cotidiano C8

Primeira página do jornal *Folha de S.Paulo* no dia 18 de junho de 2013.

Pessoas fantasiadas de zumbis participam de manifestação em Frankfurt, em 18 de julho de 2009.

A modelo Gisele Bündchen participa do "Chanel show" durante a semana de moda de Paris, em 30 de setembro de 2014.

O estilista Karl Lagerfeld à frente do "Chanel show" durante a semana de moda de Paris, em 30 de setembro de 2014.

Nascida guerrilheira midiática, a Mídia Ninja expandiu os horizontes do olhar social. No olho da rua. Era o olho da rua que projetava o mundo, e foi o olho do mundo se imiscuindo no olho da rua. Não destronou a imprensa profissional, mas escancarou suas limitações éticas e técnicas. Não para matá-la, mas, talvez, para socorrê-la, dando a ela os ângulos que faltavam às reportagens do *mainstream*. Os ninjas não pretendiam — nem poderiam pretender — substituir ou revogar a imprensa profissional. Não tinham condições para isso, nem materiais, nem técnicas. Nem tinham a independência necessária. Os ninjas não eram uma redação independente, mas narradores de outra extração, organicamente vinculados aos protestos. Não prometiam distanciamento crítico, não temiam se comprometer com a cena que reportavam. Atuavam dentro da cena, como parte dela, e não escondiam essa condição. Por isso mesmo, por não tentar disfarçar o seu próprio engajamento, foram merecedores da confiança pública e alteraram drasticamente os padrões de representação dos protestos na *instância da imagem ao vivo*. Ao não chafurdarem na impostura da independência meramente aparente, foram mais verdadeiros do que muita gente por aí.

    Entre os saldos de junho de 2013, temos, então, mais esse. O recado que os ninjas deram para a imprensa foi bem claro: as motivações de cada órgão de imprensa devem ser total e radicalmente transparentes, para o bem da credibilidade de cada veículo. O jornalismo brasileiro seria melhor se soubesse agir de modo mais crítico em relação aos mais fortes e se fosse capaz de explicitar com todas as letras os compromissos que tem. Se cuidasse mais disso, teria trânsito nas franjas em que tem sido barrado, como nos beirais enfumaçados daquele inverno fumegante.

A estética pedestre

O que não é bem político, nem propriamente ético, o que será?

Do seu ponto de observação, no olho da rua, o líder da Mídia Ninja, Bruno Torturra, enxergava as escaramuças por ângulos pouco usuais.

O black bloc não é um movimento. É uma estética, um código simples de reproduzir. Quando vai para a rua, a sociedade identifica: o black bloc chegou. É um comportamento emergente. A ausência de liderança, que virou clichê, é ausência de mediação.*

A frase, dita no debate sem plateia organizado pelo jornal *Valor Econômico*, em São Paulo, e depois publicada no caderno

---

* Declaração de Bruno Torturra no debate "Longa jornada junho adentro", promovido, editado e publicado com exclusividade pelo caderno semanal Eu & Fim de Semana, que circula nas edições de sexta-feira do jornal *Valor Econômico*. Esse debate em particular, publicado em 9 de agosto de 2013, contou com a participação de Bruno Torturra, José Álvaro Moisés, Jairo Nicolau e Eugênio Bucci, e foi conduzido e editado pelos jornalistas Bruno Yutaka Saito, Maria Cristina Fernandes, Robinson Borges e Viana de Oliveira.

Eu & Fim de Semana, deixou um pessoal meio aturdido. A ideia de que a violência rueira pudesse ser chamada de "estética" chocou os leitores de boa formação cultural. Mas Bruno Torturra tinha seu ponto.

Vistos como fatores de alteração da paisagem metropolitana, a despeito das alegadas intenções políticas benévolas ou de autodefesa, os black blocs parecem descender, de forma bastante longínqua, da escola das intervenções urbanas lançada por artistas de vanguarda do surrealismo, do dadaísmo e do neodadaísmo. O diferencial black bloc consiste em transpor a fronteira do discurso para mergulhar no ato propriamente dito de destruição física dos símbolos da ordem: vitrines de lojas, agências bancárias, sedes do poder público. É bem verdade que um componente de quebra abrupta da normalidade, ou pelo menos de quebra da inércia, já se fazia sentir nas intervenções urbanas de inspiração surrealista. Elas não partiam para a pancadaria generalizada, mas causavam a pane da rotina dos ambientes em que se instalavam. Pode-se dizer que agrediam, simbolicamente, as pessoas que participavam daquela rotina, embora não lhes ferissem o corpo.

Vale puxar pela memória. No final dos anos 1970, os integrantes do Viajou sem Passaporte, de inspiração surrealista, invadiam os palcos de teatro em São Paulo, durante a apresentação da peça. De repente, não mais que de repente, meia dúzia de rapazes e moças se levantavam da plateia, subiam ao palco e se punham a brincar com uma bola de basquete diante dos atores profissionais, que não sabiam como reagir. Mais ou menos na mesma época, também em São Paulo, os argentinos do Taller de Investigación Teatral, o TIT, outro grupo artístico de filiação surrealista, tramavam intervenções urbanas mais viscerais. Seus integrantes se aglutinavam na frente de barracas de acarajé, na praça da República, e começavam a vomitar, de verdade, enquanto reclamavam da comida.

Aqueles grupos surrealistas eram estudiosos de Trótski, Breton, Stanislávski e Artaud; não tinham nada em comum com os black blocs. Nada. O Viajou sem Passaporte e o Taller de Investigación Teatral manejavam bagagens teóricas de respeito e redigiam manifestos iluminados.

Os black blocs, vazios de conteúdo e desprovidos de reflexão, representam a banalização da linguagem performática. Não obstante, o que eles encenam é uma intervenção urbana, mesmo que adulterada, na qual a agressão simbólica degringola ao nível do animalesco; ou pior, arrastam a lógica da intervenção urbana — que está necessariamente presente nos protestos de rua, que tumultuam a cidade para projetar uma causa — ao limiar do terrorismo. Se a intervenção urbana tomava uma linguagem emprestada da arte e, de posse dela, desmontava imposturas da própria arte ou embustes refestelados ao celebrar entidades como cultura popular, os black blocs se apossavam da linguagem da intervenção urbana para promover um ritual cujo clímax era o linchamento estridente dos signos do poder. Enquanto a intervenção urbana pretendia ressignificar a arte, os black blocs pretendiam extirpar da epiderme da cidade as inscrições que sinalizam a ordem. Por meio dessa violência — que postulavam como reativa — esperavam desnudar a violência — que presumiam simbólica e ativa — inscrita nos signos contra os quais se levantavam. Quando os tornavam um alvo físico da ira das massas em passeata, imaginavam evidenciar a violência real e oculta de um ordenamento urbano que oprime, explora e humilha os seres humanos.

No entanto, mesmo aí, mesmo em sua selvageria irrefletida e mimética, o que os black blocs instalavam nas manifestações era um procedimento da ordem da linguagem — que tem, sim, componentes estéticos, ainda que degradados. O que ocorre é que, com os black blocs, a estética vira loucura, descosturada da razão e da consciência. Sendo loucura, não tem como ser uma obra fundamentada numa razão estética. A linha divisória entre uma e outra é tênue, como todos sabemos, mas, no caso dos black blocs, ela é claramente transposta.

Ainda que traga algo de estético em sua roupagem e em sua coreografia prêt-à-porter, a irrupção dos vandalismos urbanos brinca com fogo, literalmente. Sua tática produz mortes. Sua agressividade gestual, que se pretende performática, deságua em violência comum, banal, criminosa. Não nos esqueçamos de que foi um rojão acionado por black blocs, apontado na direção de um grupo de potenciais vítimas, que matou o cinegrafista Santiago Ilídio Andrade, no dia 10 de fevereiro de 2014, no centro do Rio de Janeiro (já mencionado nesta obra).

Nisto reside o curto-circuito gerado pelo emprego da palavra "estética" quando se trata de qualificar os black blocs: não há possibilidade conceitual de existência de uma área conexa entre o campo da estética, próprio da arte, e atos dolosos dos black blocs que podem ocasionar ferimentos físicos — e mesmo a morte — em pessoas inocentes. O bloqueio lógico que se põe nesse caso é, inicialmente, de fundo ético: a civilização, gerada pelo instinto de preservar a vida (a própria e a dos semelhantes) e consumada como obra da razão (ainda que fugaz), não tem como conceber no morticínio um fio de ligação (ainda que sumário) com o engenho humano de elaborar aquilo em que a razão mira com encantamento.

Nesse plano, a criação estética é incompatível com a criação tanática. Se fosse pleitear uma estética no assassinato, a civilização implodiria seu legado racional e desmoronaria sobre si mesma, e depois teria que contemplar sua própria falência como o suprassumo da beleza. Dos desvãos da História em que maneirismos da arte se contrabandearam para a política e daí para a violência, a humanidade retém ainda úmido o odor do nazismo. Portanto, se os black blocs brincam com fogo, a crítica não pode brincar com qualquer ideia de estética da morte. Isso, de uma vez por todas, não existe.

Se existisse, teríamos de ver no atentado contra o World Trade Center (WTC) em Nova York, no dia 11 de setembro de 2001, a substância de obra de arte; não de uma obra de arte qualquer: a substância de uma obra de arte acima de todas as demais. Alguns pensadores críticos entoaram essa provocação, mesmo cientes de que ela não se sustenta.* O que os confunde, talvez, é que o predomínio total daquelas imagens, por horas a fio, em todos os meios audiovisuais do planeta, conferiu uma supremacia àquele ato, não no plano da suposta realidade, mas no plano da representação. E, de novo, não no plano de uma representação qualquer, mas da representação midiática na instância da imagem ao vivo para uma audiência massiva e planetária.

O golpe terrorista desferido contra o WTC em 2001 alcançou desse modo uma existência como representação cuja potência era equivalente ou superior à de todas as demais. O atentado transcorreu ao vivo, queimando minuto a minuto o tecido de que é feito o olhar planetário, reduzindo seus telespectadores a mutilados de guerra (mutilados no olhar, mutilados imaginários). Depois dele, o terrorismo passou a ser entendido como forma macabra de intervenção urbana globalitária e irrecorrível. Aquelas torres em chamas, em franco derretimento, feriram os olhos do mundo porque sua narrativa instantânea fez de Manhattan um altar de sacrifício da própria civilização. O mais perturbador é que cada lance — com mil reprises imediatas, em câmera lenta —

---

* Em *Bem-vindo ao deserto do Real! Cinco ensaios sobre o 11 de Setembro e datas relacionadas* (Trad. de Paulo Cesar Castanheira. São Paulo: Boitempo Editorial, 2003, p. 26), Slavoj Zizek defende a polêmica ideia de Karlheinz Stockhausen, para quem os aviões que atingiram o World Trade Center teriam sido "a última obra de arte", pois os terroristas teriam planejado o ataque para causar um "efeito espetacular".

transcorria como numa montagem desbragadamente estética, que incorporava não alguns, mas virtualmente *todos* os ingredientes da indústria do entretenimento. Daí que não foram poucos os que cederam à tentação de ver naquelas imagens uma forma estética ao mesmo tempo sublime e catastrófica. Quem, em 2001, transitava com alguma destreza pelos referenciais teóricos que permitiam discernir, nas fissuras da ordem mundial, as enfermidades letais que acometiam a civilização que oprimia e cegava, dificilmente teve como evitar de ver naquelas chamas a aura maligna de uma estrondosa obra de arte apocalíptica, gerada pelo avesso de uma razão transfigurada em força bruta.

Mas não. A despeito de seu aparente efeito estético, o ato terrorista de 11 de setembro não teve nada de obra de arte. Afirmar que teve, ou que tem, implica incinerar o que a humanidade entendeu por arte e o que a arte acalentou como ideal de civilização. Pelo prazer ocasional de uma boutade, o preço é alto demais.

Isso posto, é preciso desvincular duas vertentes de uma mesma assertiva. Na primeira, fica claro que não há como visualizar um caráter de obra de arte no ato material que destrói a vida, a razão ou a civilização. Na segunda, impõe-se reconhecer que, posto que são representação, as narrativas violentas lançam mão de elementos estéticos, que se atiram nos olhos das plateias como estilhaços nos quais haveria, aí sim, rescaldos de uma arte que se despedaçou antes de lograr existir. É assim que podemos considerar a hipótese não de que os black blocs *sejam* uma estética, mas de que mobilizem em suas arruaças juvenis fragmentos recombinados de estéticas características não da cultura em geral, mas da indústria do entretenimento em particular. É por aí que Bruno Torturra tinha seu ponto.

Nada a ver com arte (nem com teoria da arte)

O sensível compartilhado dá o caldo comum para a ação política

Assim como as guerras mais odiosas servem de insumo a obras-primas da literatura, desde o *Baghavad Gita*, texto sagrado do hinduísmo, ou a *Ilíada*, de Homero, as confluências, sobreposições e compartilhamentos de linguagem entre política e espetáculo (oratória, drama e teatralização) vêm, no mínimo, desde a Grécia antiga. No século xx, com os meios de comunicação de massa, essas confluências, sobreposições e compartilhamentos de linguagem passaram por uma espécie de big bang, envolvendo todo o horizonte do visível. Nos nossos tempos, fazer política e instaurar performances são esportes inseparáveis.

O jornalista e escritor espanhol Javier Cercas, em *Anatomia de um instante*, dá mais uma comprovação dessa verdade. Ele disseca, mais ou menos como numa autópsia, o momento em que um pequeno bando de militares invadiu a Câmara dos Deputados, em Madri, no dia 23 de fevereiro de 1981, e disparou tiros de metralhadora para anunciar um golpe de Estado contra o governo que se encerrava, do primeiro-ministro Adolfo Suárez. Naquela sessão, Suárez comandava o processo de eleição de seu sucessor, Leopoldo Calvo-Sotelo. Era uma sessão decisiva.

O que chama a atenção de Javier Cercas é o instante exato em que o golpe foi desferido, às 18h23 do dia 23 de fevereiro de 1981. Liderados pelo tenente-coronel da Guarda Civil Antonio Tejero, os golpistas que tomaram a Câmara de assalto deram ordens aos berros para que os parlamentares se deitassem no chão, no que foram prontamente obedecidos. Todos os parlamentares que lá estavam (aproximadamente 350) se puseram diligentemente na horizontal. Apenas três se recusaram a se curvar: o deputado Santiago Carrillo, o general Gutiérrez Mellado, então vice-presidente, e o próprio Suárez. Ao não se dobrarem, os três ajudaram a frustrar o atentado — que, em poucas horas, seria inteiramente debelado. A coragem desses três sujeitos impressionou o mundo.

Javier Cercas analisa em detalhes o que define a coragem e de que modo o gesto dos três, especialmente o de Suárez, tem traços de heroísmo, mas, virtudes humanas à parte, o que mais o espantou foi mesmo a televisão. Por determinações da administração da Casa, as câmeras instaladas no recinto gravaram tudo, de vários ângulos, com planos gerais e closes. No dia seguinte, 24 de fevereiro de 1981, o videoteipe foi exibido para o mundo. "Um dos traços que definem o golpe de 23 de fevereiro é que ele foi gravado pela televisão e retransmitido para todo o planeta",[*] escreve o autor, logo na abertura de seu belo livro. Ele realça a dimensão espetacular que a história instantânea assumiu. Sabe muito bem que o espetáculo é a regra geral e absoluta. "Na sociedade do espetáculo, ele foi, em todo caso, mais um espetáculo."[**]

Adolfo Suárez, que tinha sido uma figura de proa sob a tirania franquista, soube pavimentar com habilidade e determinação a estrada pela qual a Espanha chegaria à ordem democrática. Seu

---

[*] Javier Cercas, *Anatomia de um instante*. São Paulo: Globo, 2012, pp. 11-2.
[**] Ibid., p. 13.

mérito histórico teria sido, sob esse ponto de vista, o de ejetar suavemente a ditadura da cena, de expulsá-la do palco. Num ensaio de 1989, o poeta e ensaísta alemão Hans Magnus Enzensberger aponta em Suárez um novo tipo de herói: o herói da retirada. Javier Cercas se põe de acordo com Enzensberger* e dá uma sustentação mais literária e mais dramática do que política para essa tese. Suárez agiu com tal destemor — manteve-se ereto enquanto as balas zuniam ao seu redor — porque tinha a consciência do jogo político, sem dúvida, mas também porque havia consciência de que o olhar do mundo pesava sobre ele, como uma responsabilidade inescapável, e porque tinha consciência do momento histórico. Suárez, enfim, tinha absoluta consciência de cena, uma consciência, podemos dizer, estética.

Assim, Javier Cercas se demora em considerações acerca do que vem a ser a coragem — "um gesto de graça sob pressão", na definição que busca em Ernest Hemingway, ou "um gesto de rebeldia de um homem que diz não", nas palavras de Albert Camus —, sem perder de vista, contudo, o senso de presença teatral que caracterizou a conduta de Suárez. Aquele foi um gesto, diz o escritor, "de histrionismo: o gesto de um homem que interpreta um papel".** Sobre a personalidade de seu personagem, Cercas risca um diagnóstico sem meias palavras:

> Suárez explorava conscientemente seu porte kennediano, concebia a política como espetáculo e havia aprendido durante seus longos anos de trabalho na Televisión Española que não era a realidade que criava as imagens, mas eram as imagens que criavam a realidade.***

---

* Ibid., p. 30.
** Ibid., p. 33.
*** Id.

Claro, no dia seguinte, a figura ereta de Adolfo Suárez viria estampada na primeira página do *New York Times*, e Javier Cercas assegura que o líder espanhol tinha consciência dessa possibilidade de ser manchete no diário americano. "O gesto de Suárez é, assim, o gesto de um homem posando." E não apenas para os fotógrafos e jornalistas. "Talvez Suárez estivesse posando para a história."*

Não há muito como negar: a linguagem da política requer uma teatralização performática, que passa pelos recursos da oratória e chega até a nossa era, a nossa civilização da imagem. Não é apenas Suárez que demonstra intimidade com as objetivas e que esbanja oportunismo cenográfico. Vereadores de cidades interioranas do Brasil esmeram-se no mesmo talento, e não se saem mal. Fragmentos estéticos — saídos dos códigos imagéticos da televisão e dos cacoetes de expressões faciais banalizadas pela maciça indústria do entretenimento — pontuam ou mesmo estruturam a linguagem da política, exercendo influência tão óbvia que dispensa argumentações.

Assim, o discurso político, embora não se ocupe da arte ou do belo, vale-se mais e mais de signos estéticos. Atento a isso, o filósofo francês Jacques Rancière afirma que vem mais da estética do que da política o caldo da identificação aos agrupamentos que vão às ruas protestar.

> Há uma espécie de convergência entre formas artísticas performáticas e formas propriamente políticas. [...] Atualmente, há uma partilha bastante vasta das capacidades de experiência perceptiva, sensível, que passa por toda uma série de artes e cria uma espécie de tecido democrático capaz de ligar as pessoas que vão se reunir numa praça em Atenas ou Istambul. Efetivamente, isso passou

---

* Ibid., p. 34.

pelo cinema, passou pela música, passou pela performance... [...] Hoje em dia, toda manifestação assume o jeito de uma performance artística tanto pela atitude física dos manifestantes quanto pelas palavras e imagens que eles vão mostrar na rua. Há uma espécie de aparição de uma democracia estética que se transforma, nas ruas, em democracia política.*

Professor emérito de estética e política na Universidade de Paris VIII, na qual lecionou de 1969 a 2000, Rancière dá um nome a esse caldo comum que é próprio da experiência estética: *partilha do sensível*,** que seria, como ele mesmo explica, "o sistema de evidências sensíveis que revela, ao mesmo tempo, a existência de um *comum* e dos recortes que nele definem lugares e partes respectivas".***

Existe, portanto, na base da política, uma "estética" que não tem nada a ver com a "estetização da política" própria à "era das massas" de que fala Benjamin. Essa estética não deve ser entendida no sentido de uma captura perversa da política por uma vontade de arte, pelo pensamento do povo como obra de arte. [...] Pode-se entendê-la num sentido kantiano — eventualmente revisitado por Foucault — como o sistema das formas a priori determinando o que se dá a sentir. É um recorte dos tempos e dos espaços, do visível e do invisível, da palavra e do ruído que define ao mesmo

---

* Jacques Rancière, em entrevista a Patricia Lavelle, para o caderno Eu & Fim de Semana, do jornal *Valor Econômico*, de 7 de novembro de 2014. Disponível em: <http://www.valor.com.br/cultura/3770152/um-filosofo-do-presente#ixzz-3JRebNC6N>. Acesso em: 2 ago. 2016.
** Jacques Rancière, *O desentendimento: Política e filosofia*, trad. de Ângela Leite Lopes. São Paulo: Editora 34, 1996. Coleção Trans.
*** Jacques Rancière, *A partilha do sensível: Estética e política*. São Paulo: Editora 34, 2009, p. 15.

tempo o lugar e o que está em jogo na política como forma de experiência. A política ocupa-se do que se vê e do que se pode dizer sobre o que é visto, de quem tem competência para ver e qualidade para dizer, das propriedades do espaço e dos possíveis do tempo.*

A evocação estética, no contexto das mobilizações políticas, não se relaciona diretamente com arte ou com a expressão de formas da beleza, mas com aquilo que simplesmente se refere ao sensível. No mesmo registro proposto por Rancière, enxergar fragmentos estéticos nas manifestações de junho de 2013, ou em tantas outras que a elas se assemelham, não implica subordiná-las a nada que diga respeito à obra de arte. A estética vai além, muito além, da arte, e Jacques Rancière não deixa dúvidas a respeito: "A estética não existe enquanto teoria da arte, mas sim enquanto uma forma de experiência, um modo de visibilidade e um regime de interpretação. A experiência estética vai muito além da esfera da arte".**

Como fator que propicia a partilha do sensível, com base no qual o discurso político toma forma, a estética vai nos interessar de perto no fôlego final deste ensaio.

---

* Ibid., pp. 16-7.
** Jacques Rancière, "O que significa 'Estética'", trad. de Rui Pires Cabral. *Ymago*, Lisboa, 14 mar. 2011. Disponível em: <www.proymago.pt>. Acesso em: 2 ago. 2016.

Radicalismo político ou esporte radical?

Esse impuro duto do desejo: piruetas e pirotecnias no meio da rua e um pouco de estética aeróbica

Sem nenhum viés de estetização da política — desvio contra o qual Rancière não se cansa de alertar e que se verificou em instrumentalizações totalitárias, como as paradas do nazismo, do fascismo e do stalinismo —, podemos divisar elementos estéticos nas manifestações de junho de 2013. Esses elementos se estenderam pelo tempo, nas passeatas e comícios nos quais, pelo menos até 2016, houve uso de formas imagéticas: bonecos infláveis e indumentárias publicitárias buscavam visibilidade na cena pública.

O empuxo estético inicial veio de 2013. Daquela explosão com linguagens corporais, ficou uma ordem de performances que parecia constituir não só uma estética, mas uma estética acrescida de manobras lúdicas — com o perdão pela palavrinha tão desgastada —, de esporte radical. Essa mistura não foi inventada em 2013 no Brasil, claro. Foi brotando gradativamente nas metrópoles a partir do final do século XX. Assim como uns praticam paraquedismo acrobático e outros andam de bicicleta em cima de falésias, a modalidade atlética de jogar coquetel molotov em soldados, armados ou não, vai se diferenciando como uma prática mais ou menos esportiva regida por normas próprias.

O modo como essa prática se reproduz e se especializa segue parâmetros culturais que compareçam a outras formas de esportes radicais. Assim como os surfistas desenvolvem suas técnicas imitando uns aos outros, criando códigos linguísticos só seus, com palavreados quase impenetráveis, trajes identitários e gestuais iniciáticos, os atiradores de coquetel molotov também se movem numa cultura específica e distinta das demais. Os black blocs são uma tribo momentânea. Seus atores são anônimos, mas adoram os holofotes.

Por que eles vão às ruas? Em nome do que se lançam contra os escudos da repressão? Isso não parece ser o mais decisivo. Por que surfam os surfistas? Por que saltam os pilotos de asa-delta? Não é por uma causa, mas pelo prazer. No mais, não vem ao caso; não importa. O ponto é que essa radicalidade aeróbica, que foi abraçada como rito de passagem por adolescentes de numerosas nacionalidades, corre o mundo inteiro mais ou menos como o rock'n'roll correu o mundo nos anos 1960. O capiau não precisava entender a letra para passar brilhantina no cabelo e pedir cuba-libre no balcão. O definidor estético nas manifestações é mais ou menos desse tipo. Como o topete de brilhantina nos anos 1960, o coturno e a máscara escura dos dias atuais inscrevem no corpo — usado como veículo de comunicação — o signo de uma atitude que basta por si.* Com todo o respeito, a causa talvez seja o de menos.

---

* "O corpo é, sem dúvida, um dos principais elementos em toda a comunicação dos protestos", diz Denise Paiero em "O corpo em protesto", no qual trata dos modos como o jornalismo traduz, fotografa, relata ou representa as manifestações. Em Norval Baitello Júnior et al. (Orgs.), *Os símbolos vivem mais que os homens: Ensaios de comunicação, cultura e mídia*. São Paulo: Annablume; Cisc, 2006, pp. 167-84.

O repertório estilístico mobilizado nas marchas de junho de 2013 — que se prolongaram, esmaecidas, até pelo menos julho de 2014 — remonta às barricadas urbanas de alta visibilidade nas ruas de Paris em 1968, aos comícios contra a Guerra do Vietnã realizados em Washington e aos levantes antiglobalização nas principais capitais do mundo desenvolvido nos anos 1980 e 1990. Sua linhagem tem parte com a política, está mais do que evidente, mas transcende ao domínio dela. Seu estilo busca referências na estética.

Nos protestos de 2013, os manifestantes demonstraram notável proficiência em administrar a própria imagem diante das lentes e dos holofotes. Falavam a língua visual da indústria do entretenimento. As multidões de adolescentes sabem tanto sobre esses códigos quanto os supostos profissionais da mídia. O saber não distingue uns e outros, mas os amarra a um todo. Somos a sociedade que sabe gravar, recortar e editar imagens como sabe falar.

As manifestações que obstruem logradouros para ferir o nervo óptico são pura representação. O dado interessante, neste caso, é que elas *sabem* que são pura representação. Disputando espaço com outros fatos, outras notícias, outras formas de aglomeração de multidões (concertos de rock, campeonatos de futebol, a visita do papa Francisco ao país, também em 2013, um arrastão num prédio de luxo nos Jardins, em São Paulo), elas se abastecem largamente do linguajar dos quadrinhos, dos filmes de ação e dos games e, por meio desses discursos recombinados, tecem o seu performático discurso político — que, não por acaso, vai se dirigir de volta às telas onde tem lugar o entretenimento.

Trata-se de uma marca distintiva da cultura política na globalização. É assim em toda a parte. Na Tailândia, no dia 1º de junho de 2014, manifestantes que protestavam contra o golpe militar faziam nas ruas o gesto característico dos protagonistas da série *Jogos vorazes*: a mão direita erguida, com três dedos (indicador, médio e anular) apontados para o alto. Os adolescentes imitavam a personagem Katniss Everdeen (interpretada por Jennifer Lawrence), acreditando que os três dedos em riste representariam de modo eficaz as palavras "igualdade, liberdade e fraternidade", pelas quais imaginavam estar mobilizados.

Aqui ou na Tailândia, reforçam-se as evidências de que a adesão da juventude a essas jornadas turbulentas se galvaniza na estética e, só a partir daí, ganha visibilidade política. O sapo das multidões — é o caso de inverter Guimarães Rosa — pulava não apenas por precisão, mas também por boniteza. Ou *principalmente* por boniteza. Os novos atores se lançavam às ruas não porque lhes fosse impossível viver como antes, não porque os de cima não mais pudessem governar como antes, não porque estariam dadas as condições pré-revolucionárias ou revolucionárias de acordo com os manuais leninistas. Iam às ruas por desejo.

A palavra *desejo* já frequentava as passeatas havia tempos, talvez desde 1968 em Paris, mas não era vista nem ouvida com facilidade. Em junho de 2013, insinuou-se para dentro dos protestos. O desejo de existir como *ser visível* — ou de ser visível para existir —, o desejo de reluzir na *instância da imagem ao vivo* impulsionava a adesão aos protestos. Visto por esse recorte, o gatilho daqueles rios sígnicos não era a miséria, não era a indignação diante do trabalho insalubre de crianças em jornadas de dezesseis horas por dia, mas o desejo de tomar parte numa cena que desse conta de alcançar os olhos do mundo e os olhos do poder. Esse despertar repentino, mais estético do que ético, seguia uma demanda da sensibilidade e da emoção (não apenas da razão), que, em nossa era, só se articula na ordem da imagem.

A assimilação intelectual do que significa a supremacia da imagem sobre a vida social não tem sido um passo automático, simples ou indolor. Não se trata de um simples *update* de um software; não se trata de uma operação banal. Admitir que o sentido se esvaiu da palavra em proveito da representação imagética, e que isso reconfigurou mesmo as fantasias das microesferas íntimas e as macrogramáticas do poder implica rupturas na razão — e essas rupturas doem.

Em nossos dias, *o que* se escreve é menos relevante do que *como* se escreve, com que figuras se escreve. Os intelectuais apanham para lidar com isso. A adolescente que paga a um pós-hippie para lhe tatuar um ideograma na nuca não se prende à tradução do símbolo (que atua meramente como pretexto), mas se deixa impelir pelo que se poderia chamar de "desejo de ser mídia": uma espécie de inveja da mídia, um desejo de se assemelhar a ela, de emprestar o próprio corpo à sua função. As pichações de paredes nas cidades emulam disputas territoriais de outros tempos, e isso por um jorro mais pulsional do que por estratégia: à moda dos cachorros que carimbam xixi nos postes para demarcar domínio pelo olfato, a pichação é a urina visual. Tudo deságua no visual. Os protestos de rua fluem como linguagem (no mais das vezes ultraprimitiva, canina, mas ainda assim humana), e a estética traça os circuitos pelos quais o sentido segue seu curso. O corpo é veículo, é projétil significante. Mas isso tem sido difícil de entender.

Signos truculentos
*O léxico da porrada é visual e perigoso —
é uma língua à parte*

Nas passeatas de junho, a sincronização de palavras, visualidades e coreografias (teatrais e teatralizantes) compôs um discurso total (e não uma obra de arte total) que incluiu a violência *como* linguagem diante das câmeras. Isso correspondia ao prazer dos circunstantes, como já foi mencionado no princípio deste livro. Agora, a tarefa de expor e examinar os liames ocultos entre uma coisa e outra vai demandar um novo fôlego do leitor. A partir daqui, torna-se necessário expor e detalhar a origem teórica do conceito de linguagem empregado neste ensaio. Com base nessa origem e nos desdobramentos da escola em que ela se inscreve, o modo como linguagem e desejo se entrelaçam e se conjugam nos protestos vai ficar, se não mais claro, um pouco menos obscuro. O marco teórico inicial vem do pai da linguística, Ferdinand de Saussure.

A teia de imagens que vai fornecendo o amálgama imaginário da nascente sociedade civil global, de que tratou Octavio Ianni, cumpre funções próprias daquilo que Saussure definiu como o fato social mais determinante na formação de uma coletividade que se reconheça como uma unidade: a linguagem. "A linguagem é um fato social", diz ele. "Na vida dos indivíduos e das sociedades, a linguagem constitui fator mais importante que qualquer outro."*

Lembremos que Saussure preferiu promover uma distinção didática entre língua e linguagem. A primeira seria um sistema de regras abstratas sem as quais a fala não produziria sentido comum e muito menos laço social. Para dar clareza a essa diferenciação, ele estabeleceu um recorte: "A língua é para nós a linguagem menos a fala". Nessa distinção, temos um método.** O termo *fala* designa a faculdade natural, inata no humano. A língua seria então o arcabouço normativo abstrato que rege a fala, disciplinando as formas como os vocábulos se relacionam uns com os outros e se relacionam também com as ideias a que se referem. Vista desse modo, ou seja, vista como sistema formal, a língua pode ser abstraída à fala, quer dizer, o sistema normativo da língua existe independentemente de as pessoas a falarem. Essa abstração interessava enormemente a Saussure e à ciência que ele inaugurou.

> Para nós, ela [a língua] não se confunde com a linguagem; é somente uma parte determinada, essencial dela, indubitavelmente. É, ao mesmo tempo, um produto social da faculdade da linguagem e um conjunto de convenções necessárias, adotadas pelo corpo social para permitir o exercício dessa faculdade nos indivíduos.***

Ele aponta ainda outras distinções entre língua e linguagem:

---

* Ferdinand de Saussure, *Curso de linguística geral*, org. de Charles Bally e Albert Sechehaye. São Paulo: Cultrix, 1969, p. 14.
** Ibid., p. 92.
*** Ibid., p. 17.

Enquanto a linguagem é heterogênea, a língua assim delimitada é de natureza homogênea: constitui-se num sistema de signos onde, de essencial, só existe a união do sentido e da imagem acústica, e onde as duas partes do signo são igualmente psíquicas.*

O que são o sentido e a imagem acústica, que só poderiam se unir por força das regras abstratas da língua? O sentido é aquilo a que a palavra se refere, o seu significado, a ideia, a coisa, o tempo, o lugar, o modo ou a ação que ela nomeia. Já a imagem acústica** é o som, produzido pelo falante, específico, inconfundível, que tem o atributo indispensável de ser igual a si mesmo e diferente de todos os outros sons. Ela é reconhecível e passível de ser reproduzida pela comunidade de falantes.

Ora, o que é igual a si mesmo e diferente de tudo o mais é, por definição, o *significante*. Esse som diferenciado dos outros (o significante) vincula-se a um sentido (*significado*), formando o *signo*. Saussure estabelece que o signo é precisamente isto: a junção do significante ao significado (nessa definição de signo, ele se separa de outros linguistas).

Nas palavras de Saussure, a língua seria

> um tesouro depositado pela prática da fala em todos os indivíduos pertencentes à mesma comunidade, um sistema gramatical que existe virtualmente em cada cérebro ou, mais exatamente, nos cérebros dum conjunto de indivíduos, pois a língua não está completa em nenhum, e só na massa ela existe de modo completo.***

Essa distinção mais do que necessária entre língua e linguagem é uma distinção apenas didática, é bom repetir, pois uma

---

* Ibid., p. 23.
** Ibid., p. 80.
*** Ibid., p. 21.

não existiria sem a outra e as duas se manifestam de modo inseparável. Ao mesmo tempo, essa distinção é imprescindível para a compreensão do fenômeno geral da comunicação entre os humanos, que mescla o tempo todo língua e linguagem. Graças aos termos da linguística geral de Saussure, podemos hoje pensar com algum método o modo pelo qual a conjugação de palavras, visualidades e coreografias (teatrais e teatralizantes) compôs um discurso total nas manifestações de 2013. Esse discurso não é apenas linguagem em sentido amplo. Ele segue certos parâmetros, flui segundo veios normativos, mais ou menos como sucede numa língua — ainda que, nesse caso, estejamos supondo uma língua mais primitiva, bem menos elaborada. O essencial, de todo modo, é perceber que havia — e há — regras abstratas, formais, ordenando o fluxo daquele imenso feixe de signos em movimento verificado nas passeatas de junho de 2013.

Também com base no marco teórico da linguística desenvolvida por Saussure, podemos entender melhor por que a pergunta tão insistente naqueles dias — "Mas quem está no controle dos protestos?" — só pode ter uma resposta: ninguém; ou, se quisermos, a resposta pode ser: todos. Dá na mesma. O fluxo de sentidos percebido nas ruas durante aquele mês não seguia um roteiro prévio monitorado diretamente por um maestro, pela simples razão de que o que se encontrava em formação não era um projeto político (e mesmo um desses costuma fugir ao controle de seus idealizadores), mas uma expressão cultural que transbordava as intencionalidades dos agentes.

A língua, para Saussure, é um tesouro *ingovernável*. Entendida como o acervo normativo e mutante que ordena, organiza e torna útil a linguagem, a língua subordina o falante ao seu sistema, o que é bem fácil de comprovar. Ao mesmo tempo, atenção a isto, também *se* subordina ao conjunto impessoal dos falantes.

Em mais de uma passagem, Saussure adverte: ninguém, de modo unilateral, controla a língua. "A língua não premedita nada", ele ensina.*

Quem cria uma língua a tem sob domínio enquanto ela não entra em circulação; mas desde o momento em que ela cumpre sua missão e se torna posse de todos, foge-lhe ao controle.**

A linguagem é o campo necessário em que se dá a comunicação. Nada mais elementar. Sendo assim, a comunicação só pode se processar na linguagem. Agora, se agregarmos à noção genial de imagem acústica de Saussure (imagem acústica é a palavra audível) uma outra noção, análoga, que seria a de imagem visual (com tudo o que tem de redundância), veremos que a linguagem pode se processar também na membrana da visualidade. Ao se processar como visualidade, essa língua não se comportará como fala, é certo; mas, reconheçamos, ela se comportará *quase* como fala, pois hoje é *nessa* linguagem cada vez mais inclinada às visualidades que se dá a *representação da relação social* sobre o que tanto discorreu Ferdinand de Saussure. As imagens criam sentidos comuns. As imagens atam laços sociais.

Se o leitor se sente desconfortável com Saussure por achá-lo formalista demais, e se preferir outro marco teórico mais, digamos, marxista, outra linguística pode vir em seu socorro. A noção de que a língua não é passível de controle prévio por uma entidade que paire acima dela é compartilhada por outros estudiosos, como o russo Mikhail Bakhtin. Ele ensina que os signos estão *sempre* em disputa; nunca estão parados no tempo; são mutantes, ou não são signos. Aliás, o que junho de 2013 nos mostrou com

* Ibid., p. 105.
** Ibid., p. 91.

tintas bem carregadas foi que a disputa pelos signos pode alcançar embates encarniçados, o que condiz totalmente com os argumentos de Bakhtin. A bandeira nacional, por exemplo, signo visual que representa a nação, esteve o tempo todo em disputa: as massas em protesto se apropriavam desse signo como se, nesse gesto, quisessem dizer que a nação não pertencia às autoridades ou ao Estado, e sim ao povo que protestava nas ruas. Com o Hino Nacional, a disputa foi idêntica.

Quer dizer, embora os seguidores de Saussure e os discípulos de Bakhtin se abespinhem ao vê-los juntos num mesmo texto, é preciso registrar com todas as letras: eles não são tão opostos assim.

"Na realidade, toda palavra comporta duas faces", escreve Bakhtin. "Ela é determinada tanto pelo fato de que procede de alguém como pelo fato de que se dirige a alguém."* Isso vale para as palavras, todas elas, como propõe Bakhtin, e vale para a letra do Hino Nacional ou para o signo visual da bandeira que simboliza um país.

Desse conflito permanente pelos signos, pelo sentido que os signos têm ou deverão ter, decorre a significação. É nesse sentido que a significação procede invariavelmente de uma disputa. Bakhtin ensina, embora não ensine isso sozinho, que o sentido de uma palavra muda completamente dependendo de quem a pronuncia. Um exemplo? Muito simples. Pensemos num exemplo bem atual, que não está nos textos bakhtinianos. Se o dono de um diário pronuncia a frase "fechei o jornal", o sentido será trágico: significa que ele mandou a redação embora e fechou as portas do seu negócio. Mas se um jornalista, ao final da jornada, diz "fechei o jornal", a notícia é alvissareira: significa que a edição está pronta pa-

---

* Mikhail Bakhtin, *Marxismo e filosofia da linguagem*, 4. ed. Trad. de Michel Larud e Yara Frateschi Vieira. São Paulo: Hucitec, 1999, p. 113.

ra ser impressa ou transmitida aos leitores. Em forma de anedota, temos aqui uma lei fundamental da linguagem e da língua: a qualidade (de classe, de gênero, de religião...) do enunciador modifica o enunciado.

Os sentidos sempre estão abertos, permeados das contradições sociais ou históricas, e sempre são deslizantes. Saussure também está atento a isso, e é nesse sentido que ele argumenta que "a língua não premedita nada". Também Bakhtin repudia a tese de que um centro de controle possa manipular a evolução e os sentidos da língua, seja ele uma classe social, uma indústria verticalizada ou mesmo um ordenamento estatal.

> Classe social e comunidade semiótica não se confundem. Pelo segundo termo entendemos a comunidade que utiliza um único e mesmo código ideológico de comunicação. Assim, classes sociais diferentes servem-se de uma só e mesma língua. Consequentemente, em todo signo ideológico confrontam-se índices de valor contraditórios.*

Note-se bem: Bakhtin não trabalha com a ideia de que existam ideologias conflitantes. Seu pensamento é menos esquemático. Para ele, o que existem são signos ideológicos que se comportam como índices de valor, podendo ir do máximo positivo ao máximo negativo, a depender da classe social e de outras variáveis na composição do indivíduo que os pronuncia ou que os escuta.

Quanto ao restante, se alguém ainda precisa de um conceito de ideologia, que fique com este: a ideologia acontece ali mesmo onde se produz a significação (segundo Bakhtin) ou no instante mesmo (segundo Saussure) em que o deslizar do significante sobre o significado é interrompido, gerando a significação. A signi-

---

* Ibid., p. 46.

ficação é provisória, bem o sabemos. Logo os deslizamentos são retomados — fora de controle. Mas, no instante em que se cristaliza a junção entre significante e significado, tem-se a ação da ideologia. A ideologia é a cola — perecível — que junta os dois. A língua não se congela; vive de alterações e, como afirma Saussure, "sejam quais forem os fatores de alteração, quer funcionem isoladamente ou combinados, levam sempre a um deslocamento da relação entre o significado e o significante".*

É muito pequeno, ou mesmo nulo, o peso da intenção consciente dos sujeitos para que a língua e os signos tomem uma direção ou outra. A dinâmica da língua foge ao controle, por definição. Uma palavra pode querer dizer algo bom, algo de positivo, e, no instante seguinte, passar a significar algo de negativo. A cola ideológica, ou seja, a força que faz que o significante fique colado a um significado, montando o signo, logo se desfaz ou se modifica. Com as palavras, é assim que funciona.

Com as imagens também. Se voltarmos a pensar no espaço público mediado por imagens, veremos que ele também é gerado pela comunicação e estruturado conforme contradições e conflitos. Os signos se alteram no tempo. Nesse sentido, as imagens funcionam como se compusessem uma língua: uma língua visual. Seus processos de significação também se revelarão análogos aos da língua feita só de palavras. Também no caso das imagens, os sujeitos (ou indivíduos, ou grupos, ou falantes, ou atores, como quisermos) interagem (ou dialogam) por meio do signo. Nenhum desses sujeitos, contudo, consegue governar ou comandar o destino dos signos que mobilizam (por mais que tentem fazê-lo).

Apenas para encerrar esta recapitulação dos conceitos de linguagem e de língua, é bom lembrar o que ensinava (e muito bem) a professora Jeanne Marie Machado de Freitas.

---

* Ferdinand de Saussure, op. cit., p. 89.

O sujeito (emissor-receptor) não é um suporte indiviso da Língua e da Fala (ou, se se prefere, da mensagem e do código), uma vez que não mantém com uma e outra uma relação idêntica. A Língua, necessária à Fala, não pertence ao emissor, tampouco pode ser situada no lugar do receptor.*

Os sujeitos não determinam previamente, nos seus arranjos (ou conchavos), o controle da língua, da fala ou da linguagem. E, por mais que isso pareça surpreendente ou mesmo falso para os que veem manipuladores disfarçados de inocentes em todo lugar, a mesma lei geral vale para as imagens. Por mais que tentem, os indivíduos, os grupos e as classes sociais não dão conta de determiná-las inteiramente. Se assim fosse, a língua — e suas redes de significantes, sejam palavras ou imagens — não seria o fato social que ela é, tanto para Saussure como para Bakhtin. Se assim fosse, a língua seria um teatrinho de ocasião, uma conveniência arranjada num jogo de aparências premeditado. Não seria língua.

A imagem eletrônica deu prosseguimento à expansão do espaço público promovida pelos meios de comunicação de massa. Ela só pôde fazê-lo porque funciona segundo uma lógica linguística — talvez não exclusivamente linguística, mas, seguramente, *também* linguística. Ela tornou o espaço público mais abrangente, mais populoso e mais massivo. Nesse empuxo, a linguagem alcançou um patamar absolutamente industrializado. A linguagem é agora uma linguagem eletronicamente ilustrada, que segue marcada — e, talvez, ainda mais marcada — pelas relações sociais e por suas contradições inerentes, mas que nunca foi o fenômeno industrial que é hoje. Os signos visuais, diferentemente dos signos verbais (as imagens acústicas de Saussure), são fabricados in-

---

* Jeanne Marie Machado de Freitas, *Comunicação e psicanálise*. São Paulo: Escuta, 1992, p. 102.

dustrialmente. Os signos visuais são coisas fabricadas, industrialmente fabricadas, sejam eles a cor do logotipo de um banco, a reprodução em exposições infinitas de uma tela de Picasso, o rosto de Angelina Jolie ou a estrelinha do PT.

A imagem fala por nós; é nossa voz. A exemplo do que se dá com a língua e com a linguagem, a instância da imagem ao vivo não pode ser explicada pelos conceitos da dominação ideológica. Aliás, o melhor caminho para entendê-la é pelos parâmetros da linguagem. É por ela, pela instância da imagem ao vivo, que se sintetiza e se irradia a língua visual de regras próprias. Em resumo, se podemos inferir que seus signos cumprem a função de laço social, e podemos, é somente porque as imagens (não mais apenas acústicas) e os signos (ainda que passíveis de ser industrializados unilateralmente) precisam antes atar o todo (como a língua precisa) e só depois se prestar a um outro fim estratégico eventual. Esses signos, lugar mínimo em que a ideologia se processa, sujeitam-se mais ao todo e menos ao agir estratégico das partes.

Voltemos uma vez mais ao jogo de abertura da Copa das Confederações, em junho de 2013, em Brasília. Quando a massa vaiou a presidente da República e cantou o Hino Nacional aos gritos, como se fosse seu (da massa) e não dela (da presidente), estava pondo em disputa um formidável complexo de signos (símbolos nacionais), dotando-os de sinais positivos e negativos para renovar-lhes os significados. Junho de 2013, também por esse ângulo, foi, o tempo todo, uma guerra linguística.

O perverso gozo estético

O valor a mais que leva o sujeito a se colar na imagem como quem se cola ao sentido de si mesmo

Acontece que a estética dos protestos de rua não se limita a uma estética que banha a política. Ela também é uma estética que passa pelo capital.

Já vimos que a estética — entendida como um campo autônomo que se prolonga da filosofia — se autonomiza em relação ao conceito de arte e ao ideal de beleza. A estética pode desaguar na política, sem que isso signifique estetizar a política. Ela deságua na política nos termos de Jacques Rancière, com base na ideia de partilha do sensível. Numa perspectiva semelhante, ela pode desaguar também nos circuitos do mercado e banhar até mesmo o capital. É nessa direção que Wolfgang Fritz Haug discorre sobre a estética da mercadoria. Para ele, a estética incide na mercadoria para fabricar, sobre ela, o fetiche. Em *Crítica da estética da mercadoria*, ele também afirma que falar de estética não significa obrigatoriamente falar de arte.

Utilizo o conceito de estético de um modo que poderia confundir alguns leitores que associam-no firmemente à arte. A princípio, uso-o no sentido *cognitio sensitiva* — tal como foi introduzido na linguagem erudita —, como conceito para designar o conhecimento sensível. Além disso, utilizo o conceito com um duplo sentido, tal como o assunto exige: ora tendendo mais para o lado da sensualidade subjetiva, ora tendendo mais para o lado do objeto sensual. [...] De um lado, a "beleza", isto é, a manifestação sensível que agrada aos sentidos; de outro, aquela beleza que se desenvolve a serviço da realização do valor de troca e que foi agregada à mercadoria.*

Agora, o que está em pauta é o fetiche da mercadoria. Perfeitamente industrializado, ele consegue exponenciar o valor de uso da mercadoria para precipitar a realização do valor de troca. Segundo Haug, a fabricação da estética da mercadoria tem lugar num plano divorciado daquele em que se dá a fabricação do corpo da mercadoria, do objeto físico que a encerra. Analisemos uma garrafa de água mineral, por exemplo. A água é retirada do subsolo e depois engarrafada num processo industrial sem mistérios. Porém a fabricação de sua marca, do seu rótulo, do sentido que esses signos adquirem nas campanhas publicitárias e de toda a linguagem industrializada envolvida nisso, bem, essa fabricação é de outra ordem. Ela acontece em outro lugar, bem longe do corpo físico (um vasilhame cheio de água transparente) da mercadoria. Ou, de acordo com Haug, "o aspecto estético da mercadoria no sentido mais amplo — manifestação sensível e sentida de seu valor de uso — separa-se aqui do objeto".**

A imagem (estética) da mercadoria replica a ansiedade que move o consumo — e este, por sua vez, decorre do desejo que

---

* Wolfgang Fritz Haug, *Crítica da estética da mercadoria*. São Paulo: Editora Unesp, 1997, p. 16.
** Ibid., p. 26.

leva o sujeito a deslizar na direção da imagem da mercadoria à qual sente que precisa se fixar, formando uma unidade com ela. Aos olhos do sujeito (e ao desejo dele), naquela imagem está carimbada a narrativa que o explica para si mesmo. "Ansiosa pelo dinheiro, a mercadoria é criada na produção capitalista à imagem da ansiedade do público consumidor. Essa imagem será divulgada mais tarde pela propaganda, separada da mercadoria."*

O fetiche da mercadoria, já bem descrito por Marx, entra numa expansão, a partir da segunda metade do século xx, que extrapola todas as escalas, pela força dos incrementos permitidos pela publicidade. A partir daí, a mercadoria, dotada de sua estética industrializada, pode se arvorar a ocupar o lugar da arte, obstruindo qualquer rota de fuga do olhar. Haug sustenta que, com sua imagem imantada, a mercadoria reluz como se fosse um *ser*: representa um ser para o outro ser (vazio) que a deseja. Podemos dizer então que a mercadoria transubstanciada em imagem age como se tivesse o dom de revelar para o sujeito a verdade sobre ele, uma verdade que ele mesmo ignorava de si. A imagem da mercadoria diz dele o que ele mesmo seria incapaz de dizer. Nisso consiste a estética da mercadoria. Ela simula (e emula) a arte, no instante mesmo em que inviabiliza a manifestação da arte que não seja mercadoria.

Na ambiência de uma comunicação social com tais características (em que imagens visuais rebarbativas realizam — nem que seja parcialmente — as funções das imagens acústicas de Saussure, em que elas funcionam como língua), o nexo de sentido gerado pelos signos se aproxima mais do registro do sentir do que daquele do pensar. Os processos de identificação (ou seja, os processos que levam um espectador a se identificar com uma ima-

* Ibid., p. 35.

gem ou com um personagem, por meio do sentir e da emoção) predominam sobre a argumentação (que seria mais racional, por assim dizer). Nesse sentido é correto afirmar que a ordem do imaginário (em que o gozo do olhar, o gozo escópico, induz à identificação prazerosa) avança sobre a ordem do simbólico (que se prende mais ao pensamento lógico, ao que ordena, disciplina, hierarquiza e se desenvolve por meio de abstrações). A imagem que prevalece aí é signo de uma língua — uma língua que tem parte mais com o sentir do que com o pensar. E, mais ainda, a imagem que prevalece aí não é outra coisa senão o próprio fetiche da mercadoria. Nada mais sedutor do que ele.

O filósofo Mario Perniola vai um pouco mais longe. Ele sustenta que nada menos que o poder da nossa época estaria no plano do sentir. Por isso, viveríamos uma *época estética*, "não por ter uma relação privilegiada e direta com as artes, mas essencialmente porque o seu campo estratégico não é o cognitivo, nem o prático, mas o de sentir, o da *aisthesis*".*

O que predomina, portanto, nos signos em circulação — e em disputa — é seu potencial de sedução (sensual e sensorial), de despertar desejo de culto ou admiração. E isso valeria também para o discurso do poder; valeria para a política. Benjamin fala em *valor de culto* e *valor de exposição*,** enquanto Perniola prefere *admiração*: "À diferença das outras mercadorias, o valor das culturas é inseparável da admiração que elas suscitam".***

---

* Mario Perniola, *Do sentir*. Lisboa: Presença, 1991, p. 11, apud Francisco Sérgio Barbosa da Silva, *O papel do livro de mesa na sociedade do espetáculo*. São Paulo: PUC-SP, 2014. Tese (Doutorado).
** Walter Benjamin, *Obras escolhidas I: Magia e técnica, arte e política*. São Paulo: Brasiliense, 2011, apud Francisco Sérgio Barbosa da Silva, op. cit., p. 65.
*** Mario Perniola, *Contra a comunicação*. São Paulo: Unisinos, 2006, p. 109, apud Francisco Sérgio Barbosa da Silva, op. cit., p. 72.

Além de valor de culto ou mesmo de valor imaterial (que será lembrado por outros, como André Gorz*), poderíamos ainda, com mais pertinência, recuperar a expressão usada por Jacques Lacan nos anos 1960: *valor de gozo*.** Ela foi invocada pela primeira vez pelo psicanalista francês em *O seminário, livro 14: A lógica do fantasma*. Diz ele: "[esse] problema é da ordem do valor, digo que tudo começa a se esclarecer, a dar seu nome ao princípio que o reforça, que o desdobra, em sua estrutura, o valor ao nível do inconsciente".***

Lacan prossegue:

Há algo que toma o lugar do valor de troca, tanto que da sua falsa identificação ao valor de uso resulta a fundação do objeto mercadoria. [...] Só que isso, na perspectiva da identificação, mostra um sujeito reduzido à sua função de intervalo, para que percebamos que se trata da equiparação de dois valores diferentes, valor de uso e, por que não, veremos isso sempre, *valor de gozo*. Sublinho *valor de gozo*, desempenhando ali o valor de troca.****

Mais adiante, no mesmo seminário, Lacan afirma que "o valor de gozo [...] estava no princípio da economia do inconsciente".***** Embora ele não tenha desenvolvido a constituição teórica dessa expressão e não tenha descrito seus componentes intrínsecos, a ideia que ela encerra tem sido vista por seus seguidores co-

* André Gorz, *O imaterial: Conhecimento, valor e capital*. São Paulo: Annablume, 2005.
** Ver Eugênio Bucci; Rafael Duarte Oliveira Venâncio, "The Jouissance-Value: A Concept for Critical of Imaginary Industry" [O valor de gozo: Um conceito para a crítica da indústria do imaginário]. *Matrizes*, v. 8, p. 141, 2014.
*** Jacques Lacan, *O seminário, livro 14: A lógica do fantasma*. Sessão de 12 abr. 1967.
**** Ibid.
***** Ibid., sessão de 19 abr. 1967.

mo uma das pedras centrais de seu pensamento. É o que veremos logo adiante.

Em outro trabalho, o próprio Lacan retoma o ponto, mas sem recorrer à mesma expressão. Ele fala então em *utilização de gozo*. O sentido talvez não seja exatamente o mesmo, mas é muito próximo.

Falando dessa coisa produzida, ou seja, a mercadoria, Lacan comenta:

> Ora, nessa coisa, rara ou não, mas em todo caso produzida, no final das contas, nessa riqueza, sendo ela correlativa a qualquer pobreza que seja, há no início outra coisa além de seu valor de uso — há sua utilização de gozo.*

A relação entre gozo e mercadoria, como se nota, é central. A tal ponto que Jacques-Alain Miller, considerado o principal sistematizador do legado lacaniano, observou: "conciliar o valor de verdade com o valor de gozo é o problema do ensino de Lacan".**

Efetivamente, a noção de valor de gozo vai se tornando indispensável para a descrição econômica da indústria do imaginário. Esse valor é fabricado *fora* do corpo da mercadoria, como sustenta Haug, pois se trata não da coisa corpórea, mas da imagem da coisa. E é essa imagem, por sua vez, que proporciona o gozo da completude ao sujeito que busca na mercadoria o seu sentido de existência. Assim, a mercadoria, por meio de sua imagem fabricada, consegue se oferecer ao sujeito como um presente dos deuses, como se fosse o objeto do desejo desse sujeito.

---

* Jacques Lacan, *O seminário, livro 7: A ética da psicanálise*. 2. ed. Rio de Janeiro: Jorge Zahar, 1991, p. 279.
** Jacques-Alain Miller, *Silet: Os paradoxos da pulsão, de Freud a Lacan*. Rio de Janeiro: Jorge Zahar, 2005, p. 52.

Sejamos menos vagos aqui. A isso que na língua corrente normalmente leva o nome de "objeto do desejo" — quer dizer, o objeto que o sujeito procura incessantemente, e inconscientemente, como quem procura um sentido, ou como quem procura algo que aplaque a sensação de falta que lhe causa sofrimento —, os lacanianos preferem chamar de "objeto *a*". Mas objeto *a* não é bem um sinônimo de objeto do desejo. Trata-se de um conceito mais fino, menos genérico. O "a" minúsculo na expressão corresponderia ao pequeno outro (trata-se da primeira letra da palavra francesa *autre*). Em termos bem simplificados, o objeto *a* designaria o *outro* a quem o sujeito vê correr o seu próprio desejo, o outro que ele deseja para si. Tudo o que ele sabe, porque sente, é que precisa ter, possuir aquele *outro*, ao qual deseja se colar ou se acoplar.

Mas esse outro não é meramente um outro sujeito ou, em termos vulgares, uma outra pessoa. É antes um traço, um aspecto que pode se manifestar nas pessoas e também nas coisas. Isso porque o objeto *a* está sempre oculto (ele é oculto por definição, mora lá no fundo do inconsciente), mas aciona outros elementos que ocupam o seu lugar no sujeito que o deseja. Assim, o objeto *a* se apresenta como uma imagem, uma palavra, um tom de voz, uma região do corpo, um nome, um par de olhos, uma bandeira do partido, um microfone. O objeto *a* se apresenta, enfim, como um signo — ou, mais precisamente ainda, como um significante à procura de um significado.

E onde está o significado? Ora, essa pergunta é fácil. Poderíamos dizer que o objeto *a* desliza solto na membrana do visível e também desliza na linguagem. Para o sujeito, o objeto *a* (ou aquilo que se mostra como se fosse o objeto *a*) se oferece como um detalhe, como um fragmento de forte poder significante, quer dizer, como algo que seria capaz de significar o sentido do qual ele, sujeito, sente uma falta insuportável. O significado do significante que cintila à procura de significado é, portanto, o sujeito que o procura e o deseja. Ao se colar a esse significante (o objeto *a*), o sujeito passa a morar dentro dele, ainda que, em sua fantasia, deseje sugar para si, como sendo seu, o significado que lá está. Quando alguém desfila com marcas da moda sobre suas vestimentas está agindo segundo esse impulso. Está dando significado para aquelas marcas, embriagado pela ilusão de quem se sente possuidor do significado daquelas marcas. Quando um senhor de meia-idade tem sua crise existencial resolvida por um cartão de visitas que o vincula a uma instituição da qual ele tanto carecia, age igualmente pelo mesmo impulso. Quando o estudante se fantasia de black bloc e vai chutar um postinho de placa de trânsito, age pelo mesmo impulso.

Na perspectiva da linguagem, podemos então supor que o objeto *a*, tendo assumido a forma de um signo (significante + significado), ou tendo sido *substituído* por um signo que se põe no lugar dele, entregaria ao sujeito o sentido perdido. É daí que vem o gozo que estaria indicado, apenas indicado, na expressão de Lacan (apenas indicado porque Lacan, como já foi dito, nunca aprofundou esse conceito). O sujeito goza o reencontro de seu sentido, o sentido que teria sido perdido para sempre e então reaparece. O objeto *a*, ou o seu substituto, poderia conferir ao sujeito falante a sensação de reencontrar o gozo perdido, preenchendo sua falta, sua falha, sua fome em aberto.

Pensando no objeto *a* como objeto que se oferece ao olhar, Antonio Quinet desenhou o conceito de *mais-de-olhar*: "o termo acentua seu caráter de valor (derivado do termo 'mais-valia', de Marx), que é valor de gozo, do qual o sujeito está excluído sem, no entanto, deixar de ser por ele causado".*

---

* Antonio Quinet, *Um olhar a mais*. Rio de Janeiro: Jorge Zahar, 2002, p. 14.

Quer dizer, o objeto *a* — ou aquilo que em seu nome se oferece — reconecta o sujeito a uma sensação de gozo, como se ele experimentasse o fim de sua busca de sentido, que estaria finalmente saciada. Trata-se de uma operação imaginária ou, se quisermos, trata-se de um *gozo imaginário*. Isso tudo parece uma prosa difícil e intrincada em demasia. Mas não há o que fazer a respeito. Não estamos falando aqui de um aspecto lateral, menor da nossa sociedade. Na era do espetáculo, o capitalismo pode ser descrito como um modo de produção que fabrica incontáveis objetos *a* (as coisinhas que fazem as vezes de minúsculos objetos *a*). O capitalismo fabrica imagens, muito mais do que coisas corpóreas. Hoje, essa coisa produzida não é mais um vasilhame cheio de água límpida, mas uma imagética cheia de nervuras invisíveis. A mercadoria física virou coisa pré-histórica na saga do capital sobre o planeta. É a imagem que orienta a usina produtiva tanto dos meios de produção quanto dos meios de comunicação (essas fábricas de imagens eletrônicas). É também *para* a imagem que aflui o valor das mercadorias (ou elas são imagens fortes, sedutoras e obliterantes de todo movimento do olhar, ou não carregam valor).

Nisso consiste a indústria do entretenimento ou, mais precisamente, a superindústria do imaginário, a fábrica dos objetos *a* e suas contrafações que preenchem a totalidade da oferta dos signos — que faíscam como objetos do desejo nas telas do mundo. Aí está o imperativo da fama, aí estão as celebridades, aí está tudo o que se vê na *instância da imagem ao vivo*.

Não apenas as marcas da mercadoria se apresentam como objetos *a*, não apenas o corte de um costume, a silhueta de um automóvel, a figura feminina numa *chaise longue*, o par de óculos com aros de arame, o relógio de pulso com o fundo em degradé, a fotografia do candidato a vereador, o logotipo do programa de saúde pública do governo federal, a fachada da loja de departamentos, a tela inicial do computador, a escultura em madeira de Jesus Cristo pendurada por fios invisíveis sobre o altar da igrejinha na fazenda; não apenas a unha do pé da vizinha, o avião de guerra na parada militar da China, o pacote de papel higiênico na gôndola do supermercado; tudo, absolutamente tudo o que o olhar alcança faz as vezes de um objeto *a* para um sujeito, para algum sujeito. A totalidade desses objetos *a* foi e é fabricada na superindústria do imaginário. Se apresenta como objeto *a* uma notícia no jornal, um discurso no púlpito da igreja. Uma reportagem no telejornal sobre uma das manifestações de junho de 2013 não tem como evitar de se apresentar como se fosse um objeto *a*. Um black bloc desfocado cruzando em alta velocidade a tela eletrônica — objeto *a*.

Para o telespectador, o receptor que se inclina a ser participante dos protestos que o atraem, reconhecer-se no black bloc, grudar-se como um carrapato na superfície luminescente de seu suposto objeto *a*, identificar-se com ele e depois identificar-se *nele* e se fazer identificar *por* ele, pelo discurso *dele* (o discurso desse *outro*), é, numa palavra, gozar. Ver um black bloc e reconhecê-lo é gozar no olhar, por identificação ou repulsa, tanto faz. Vestir-se do significante black bloc é gozar *ainda mais* no olhar do mundo, ao sabor do olhar do mundo, diante do olhar do mundo, em exibicionismo para gozo em retorno do olhar do mundo. Vestir-se de manifestante pacífico, a depender do gosto (inconsciente) do freguês, é gozar mais, igualmente.*

---

* Apenas como curiosidade um tanto mórbida, vale destacar que temos aqui uma banalização atroz do método de interpretação preconizado por Constantin Stanislávski, para quem o simples ato de vestir o personagem levaria o ator a experimentar, de fora para dentro, o caráter do personagem. Ao vestir-se de black bloc, o sujeito se transfigura no personagem genérico — e vazio, posto que tudo nele é a aparência que ele tem e exala — que deseja ser.

Vai ficando mais claro, com isso, por que as imagens, mais entregues às demandas inconscientes (do desejo), costumam dizer o oposto do que pretende o discurso das palavras escritas, mais atadas à pretensa consciência, quer dizer, a propósitos formulados por intenções morais postas como ideário no plano da consciência. Onde a palavra pontifica, a imagem trai.

Olhar é trabalhar
Pela força de seus olhos, o consumidor imprime valor às imagens que consome, mesmo quando essa imagem é um black bloc doido

Se o valor de gozo antevisto por Lacan é mesmo um valor, de que modo ele é fabricado? Tratemos agora um pouco disso.*

A fabricação do signo que faz as vezes de objeto *a* é produto direto de uma força que não temos o costume de chamar de força: a *força do olhar*. Na era dominada pela imagem, olhar não é apenas uma janela receptiva pela qual o cérebro vê o mundo. Não é apenas o aparelho para ler, recepcionar ou contemplar signos ou imagens. O olhar é uma força, assim como o trabalho é uma força. Olhar é trabalhar.

O olhar é a força de trabalho que fabrica signos visuais. Olhar é trabalhar para que aquelas imagens sejam incorporadas às línguas visuais que constroem os laços da sociedade. Quanto a isso, já avisava Guy Debord, somos uma sociedade em que as relações so-

---

* Tratei do tema com mais profundidade em outros textos. Ver, por exemplo, Eugênio Bucci; Rafael Duarte Oliveira Venâncio, op. cit., e também a minha tese de doutorado, *Televisão Objeto*, defendida em 2001, em que o processo de fabricação do valor de gozo é mais detalhado.

ciais são mediadas por imagens: "O espetáculo não é um conjunto de imagens, mas uma relação social entre pessoas, mediada por imagens".* Olhar é trabalhar na exata medida em que falar uma palavra é trabalhar por inscrevê-la no código dos falantes. Quem fala ativa palavras na língua. Olhar é a mesma coisa: não é apenas tomar conhecimento de um sinal emitido por uma imagem, mas ativar essa imagem no repertório (linguístico) das imagens.

As evidências disso se fortalecem quando levamos em conta que a imagem, para gerar significação, deve ser costurada no repositório comum dos significantes ativos dentro do repertório visual disponível à sociedade. A linha e a agulha que promovem essa costura na colcha de retalhos do imaginário é o olhar. Acrescentemos que a imagem é fabricada como mercadoria. Impossível a ela não ser mercadoria: se toda mercadoria precisa existir como imagem, toda imagem só pode circular desde que revestida da condição de mercadoria. Ao consumir com os olhos a imagem de seu objeto *a*, o sujeito a consome como mercadoria e, nesse ato (que também é ato de linguagem), recarrega o valor da imagem que olha, ativando nela mais potência de significação. Sim, é isso mesmo: o consumo é parte do processo de fabricação da imagem como valor.

Theodor Adorno e Max Horkheimer escreveram que o fetiche preside a circulação e o sistema de atribuição de valor à obra de arte.** Agora se faz necessário escrever que, assim como o capitalismo se especializou em fabricar não mais coisas úteis ("valor

---

* Guy Debord, *A sociedade do espetáculo*. Rio de Janeiro: Contraponto, 1997, p. 14.
** "O valor de uso da arte, seu ser, é considerado como um fetiche, e o fetiche, a avaliação social que é erroneamente entendida como hierarquia das obras de arte, torna-se o seu único valor de uso, a única qualidade que elas desfrutam." (Theodor Adorno; Max Horkheimer, *Dialética do esclarecimento*. Rio de Janeiro: Jorge Zahar, 1985, p. 131.)

de uso" para dar atendimento às "necessidades humanas", nas palavras de Marx), mas signos desejáveis (objetos *a* ou pseudo-objetos *a*) para interpelar e anestesiar o desejo, a mercadoria aprendeu a circular não mais como coisa corpórea, mas como imagem portadora de beleza (estética) e de sentido (ético) para o destino do sujeito sem sentido. Eis por que toda mercadoria, emulada em imagem, circula como se fosse arte.

Toda mercadoria significa exatamente isto: toda mercadoria. Dizer que toda mercadoria, em sua forma de imagem, circula como se fosse arte significa afirmar que essa determinante vale também para as mercadorias aparentemente menos charmosas, como os bens de produção, os guindastes, os gizes ao pé da lousa e as commodities mais insossas, como grãos de soja e barris de petróleo, pois também essas mercadorias, ainda que indiretamente, abastecem ou vertebram a mercadoria que, lá na ponta, há de se oferecer como arte, seja na peça publicitária de um prédio de apartamentos, na propaganda de um litro de óleo que é consumido pelas celebridades da TV, ou na campanha promocional de uma faculdade particular. As coisas insossas são acessórias do processo que fabrica a mercadoria como se fosse arte.

Pela mesma lógica, a notícia jornalística se reveste — não tem como deixar de se revestir — de uma roupagem estética (de uma estética industrializada, sem dúvida, mas, ainda assim, uma estética), o que foi caudalosamente verificável nas notícias sobre as manifestações de junho de 2013. Assim como a imagem foi alçada à condição de âncora e centro da mercadoria, as notícias, principalmente na televisão, foram alçadas à condição de imagem (ou de construção imaginária), passando a circular como mercadorias dotadas de fetiche (a aura sintética).

Olhemos o mundo olhável (outro não há). A fabricação da imagem não é mais uma etapa suplementar a turbinar a circulação da mercadoria como coisa corpórea, esse objeto físico meio pré-histórico, com a finalidade funcional de precipitar seu consumo. A fabricação da imagem é agora o núcleo da mercadoria, na mesma medida em que a coisa corpórea é agora periférica. É a imagem da mercadoria quem move o corpo da mercadoria, no caso das que ainda dispõem de um corpo físico.

Outro dado essencial para a compreensão do processo pelo qual a imagem (a imagem *da* mercadoria e a imagem *como* mercadoria) é fabricada está na relação de exploração aí estabelecida. Sendo o olhar um equivalente do trabalho em outro plano (no plano da imagem), o capital deve comprar o olhar para consumar a fabricação da imagem. O capital compra o olhar como compra a força de trabalho. O capital compra o olhar medido em unidades de tempo por uma métrica análoga àquela que lhe permite comprar o trabalho fungível.

Portanto, atenção: o olhar não é comprado para que os consumidores fiquem sabendo de um lançamento do mercado automobilístico ou de uma oferta irresistível na rede de supermercados. É o oposto. O olhar é comprado para fabricar a imagem que, depois, poderá realizar essa função comunicativa. É como se, para expandir sua língua oficial, um soberano pudesse comprar falantes em outros países para que falassem o seu idioma, propagando-o. O olhar é comprado para que o signo se incorpore à linguagem visual, não para que o suposto consumidor potencial seja informado da existência de um bem de consumo qualquer (esse efeito informativo ocorrerá, é claro, mas como um subproduto da função principal da compra do olhar, qual seja, a de fabricar a imagem e seu valor). Que a indústria publicitária não tenha consciência disso é absolutamente irrelevante.

Durante a cobertura intensa e intensiva das manifestações de junho, a exploração do olhar social como força constitutiva, como força produtiva (força de fabricação) da significação da imagem permitiu o estabelecimento de signos como os de manifestantes pacíficos em oposição a vândalos. Os primeiros — um estereótipo fabricado pelo olhar na instância da imagem ao vivo — teriam papel relevante nas passeatas mais bem-comportadas que se sucederiam em 2015 e 2016, com um perfil de ideário menos indefinido, mais à direita, com o propósito de pleitear o impeachment de Dilma Rousseff.

O processo de fabricação dos dois signos opostos (manifestantes pacíficos e vândalos) também resultou, no primeiro momento, na construção de auras românticas associadas a certos figurinos, principalmente o dos black blocs. A reação imediata foi a adesão de multidões às passeatas, uma vez que essa fabricação dos signos forneceu, na linguagem essencial da sociedade do espetáculo, o sentido visual e político, ainda que transitório, ao sujeito sem sentido. Ao menos nesse primeiro momento, vestir a fantasia (fetiche) de black bloc ou de manifestante pacífico proporcionou aos sujeitos um gozo (imaginário e estético) transitório.

No caso dos black blocs, o gozo da violência tinha cargas mais explosivas, sem trocadilho, e dava ao gozo imaginário um acesso perverso a um simulacro de gozo real. A imagem não pode proporcionar o gozo real (o gozo no corpo, o gozo estritamente físico), mas pode abrir esse acesso perverso. Finalmente, a relação imaginária finalmente se inverteu, e o signo do black bloc operou mais como fator de repulsa do que de atração. Antes, porém, nas altas temperaturas daquele mês de junho, houve um pouco de estética da mercadoria (no dizer de Haug) na aura fabricada (involuntariamente) dos black blocs, assim como houve um pouco da estética típica da partilha do sensível (como prefere Rancière) que desembocou na forma de aguaceiro na arena política.

Isso tudo para reiterar que o manifestante do Rio de Janeiro, ao confidenciar ao telefone que o enfrentamento físico com a Tropa de Choque "foi muito lindo", estava dizendo a verdade.

E veio vindo a Lava Jato

Quando um juiz pareceu ser a única autoridade a ouvir os protestos (ou a instrumentalizá-los)

Entre 2014 e 2016, o tempo dos protestos se acelerou, enquanto sua magnitude se empalideceu. O Estado continuou surdo às reivindicações emboladas que tinham tomado as ruas em 2013. O que se deu foi algo realmente incrível: o Brasil passou por uma eleição presidencial em 2014, mas o clamor deixado por 2013 não foi convidado para os debates. Uma única demanda, uma só, parece ter tocado o poder público: o combate à corrupção. Não que a tal da voz rouca das ruas tenha sido ouvida pelas surdas paredes cheias de ouvidos nos gabinetes em que o primeiro escalão de Brasília costuma dar (ou vender) expediente. Não foi ouvida nem pelas paredes nem pelos políticos — nem da situação nem da oposição. Se foi ouvida por um setor do Estado brasileiro, foi ouvida *contra* os políticos. O combate à corrupção não encontrou eco no Palácio da Alvorada nem no Congresso Nacional, mas na Operação Lava Jato.

Iniciada sem foguetórios em março de 2014, a Lava Jato viria a ser, em 2015 e 2016, o centro da política brasileira. Sediada em Curitiba e levada à frente com base na triangulação entre a Justiça

Federal, o Ministério Público Federal e a Polícia Federal, começou com o objetivo de apurar possíveis irregularidades em postos de gasolina (daí o nome "Lava Jato"). De repente, encontrou um duto bilionário de propinas saídas diretamente da Petrobras e se firmou como a maior operação anticorrupção já realizada no Brasil.

Perto dela, o traumático julgamento do mensalão (a ação penal 470), no Supremo Tribunal Federal, que se abateu como um terremoto interminável sobre o território nacional, ficou parecendo troco. O mensalão condenou 25 dos 37 réus, entre eles o ministro-chefe da Casa Civil no governo Lula, José Dirceu; o ex-tesoureiro do Partido dos Trabalhadores Delúbio Soares; e o ex-presidente do partido José Genoino. A decisão final foi publicada em abril de 2013. Nesse mesmo ano, as projeções apontavam que o total de dinheiro desviado nos crimes do mensalão — praticados em 2005 e 2006 — giraria em torno de 140 milhões de reais.*

Na Lava Jato, os números eram de outra escala. Nos primeiros dias de junho de 2016, já se contabilizavam 166 prisões (em flagrante, temporárias ou preventivas), 52 acordos de delação premiada com pessoas físicas, cinco acordos de leniência com empresas, 52 acusações contra 207 pessoas e 105 condenações por crimes como corrupção, formação de organização criminosa, lavagem de ativo, entre outros. Por meio dos acordos de delação, o valor das somas recuperadas alcançava a cifra de 2,9 bilhões de reais. As estimativas feitas pelas autoridades do montante desviado ultrapassavam os 6,4 bilhões de reais, e os ressarcimentos pedidos, incluindo multas, já estavam na casa dos 37 bilhões de

---

* Em valores atualizados, num cáculo de 2014, a cifra seria de 170 milhões de reais. Congresso em Foco, *O Globo: desvio no petrolão é seis vezes maior que o do mensalão*, 14 dez. 2014. Disponível em: <http://congressoemfoco.uol.com.br/noticias/o-globo-desvio-no-petrolao-e-seis-vezes-maior-que-o-do-mensalao/>. Acesso em: 20 jun. 2016.

reais.* Peixes grandes, entre políticos, empresários e ex-diretores da estatal, começaram a cair nas mãos da lei. José Dirceu, o ex-ministro do primeiro governo Lula, era um dos condenados. Delcídio do Amaral, o ex-líder do governo Dilma no Senado, era um dos réus.

O juiz federal responsável pela operação, Sergio Moro, começou a aparecer em cartazes das manifestações como um salvador da pátria. Em pouco tempo, passou das capas de revista para a idolatria generalizada. Em abril de 2016, era o único brasileiro a figurar na lista da revista *Time* das cem pessoas mais influentes do mundo, na categoria *líderes*, ao lado de Barack Obama e Angela Merkel. Antes disso, tinha aparecido como o 13º líder mais influente para transformar o mundo pela revista *Fortune*.

---

* Ministério Público Federal, *Caso Lava Jato*. Disponível em: <http://lavajato.mpf.mp.br/atuacao-na-1a-instancia/resultados>. Acesso em: 3 jun. 2016.

Eleições de mentira
A não ser por casos ultraexcepcionais, os candidatos falavam como se nunca tivessem tido notícias de junho de 2013

Moro virou astro, um blockbuster, porque só ele parecia ter ouvidos para os manifestantes. Quanto ao restante, junho de 2013 foi arrogantemente ignorado. As eleições de 2014 trataram os manifestantes como crianças fúteis e distraídas. O segundo turno foi decidido voto a voto entre Dilma Rousseff e seu opositor Aécio Neves, do PSDB. Este, na sua propaganda eleitoral, gostava de propor um "papo reto" aos jovens. Dois anos depois, no final do primeiro semestre de 2016, sua imagem de homem público impoluto havia virado farelo, com o ministro do Supremo Tribunal Federal Gilmar Mendes autorizando investigações contra ele. Dilma Rousseff, que conseguiu ganhar o pleito por uma margem mínima — teve apenas 51,6% dos votos válidos, ou 54 501 118 sufrágios, contra 48,36%, ou 51 041 155, do adversário —, não teve sorte melhor.

Crédula nos superpoderes do marketing eleitoral, ela fez sua campanha presidencial contando mentiras para os eleitores. Dilma sempre olhou para seu marqueteiro como a czarina Alexandra Feodorovna olhava para Rasputin. Confiava nele como Édipo confiava em Tirésias. Já em junho de 2013, quando o assombro dos protestos a desorientava, tinha ido pedir socorro aos seus consultores de propaganda para inventar respostas a perguntas que nunca tinham sido feitas pelos manifestantes. Foi buscar saídas no oráculo do marketing político e saiu de lá com abstrações incompreensíveis para as pessoas comuns, como a fabulação da Constituinte exclusiva. De quebra, chamou para si o problema do preço das passagens de ônibus urbanos, problema que ninguém achava que fosse dela. Em 2014 reincidiu no erro: os marqueteiros mandaram-na mentir, e ela acreditou que a mentira deles funcionaria como verdade. Venceu nas urnas e perdeu tudo.

No primeiro turno, para desconstruir — esse verbo adorado pelos profissionais da propaganda política — a candidatura de Marina Silva, Dilma vocalizou — outro verbo que lhes excita os ouvidos — calúnias e maledicências de fazer corar os mais inescrupulosos rasputins da nova era. Aproveitando-se da casualidade de Marina Silva contar com o apoio de Neca Setúbal, educadora e acionista do banco Itaú, a campanha de Dilma acusou-a de estar a serviço de banqueiros e de conspirar contra os salários dos trabalhadores. O efeito publicitário da estratégia foi fulminante. Dilma dispunha de onze minutos e 24 segundos diários no horário eleitoral gratuito. Marina Silva, que era candidata à vice-presidência na chapa de Eduardo Campos pelo Partido Socialista Brasileiro e assumiu a candidatura à presidência da República depois da morte de Campos (num acidente de avião no dia 13 de agosto de 2014), tinha apenas dois minutos e três segundos. Não conseguiu se defender e despencou em duas semanas. Em meados de setembro daquele ano, as pesquisas eleitorais colocavam-na em empate técnico com Dilma Rousseff na liderança do primeiro turno, com aproximadamente 34% das preferências dos eleitores. Perdeu mais de um terço. No primeiro turno, registrou apenas 21,3% dos votos, contra 33,5% de Aécio e 41,5% de Dilma.

Com a mesma virulência com que atacou a adversária, Dilma Rousseff mentiu para os seus eleitores, garantindo a eles que jamais adotaria medidas econômicas restritivas, recessivas ou, no jargão predileto de sua campanha, neoliberais. No dia seguinte à sua vitória no segundo turno, começou a revelar a política econômica que imporia ao país: os juros subiram; direitos sociais entraram na mira das decisões econômicas do governo; e, para não restar dúvida, foi nomeado como ministro da Fazenda o então diretor-superintendente do Bradesco Asset Management, Joaquim Levy, ph.D. pela Universidade de Chicago, adepto de uma doutrina ortodoxa e conservadora, oposta àquela que a candidata prometera seguir. Sem se constranger, a Dilma reeleita abraçou a linha de insensibilidade e frieza tecnocrática que acusara Marina Silva de pretender adotar. Entre janeiro e dezembro de 2015, ela manteve Levy no comando da Fazenda.

Durante um tempo, o marketing governamental e os líderes do PT procuraram maquiar o caráter da política econômica que fazia da campanha de 2014 um estelionato eleitoral. Mas a realidade se impôs a tal ponto que, a partir do início de 2014, ninguém mais conseguia esconder o óbvio. No dia 18 de junho de 2015, numa reunião com líderes religiosos no auditório de seu instituto, em São Paulo, Lula em pessoa admitiu:

> Tem uma frase da companheira Dilma que é sagrada: "Eu não mexo no direito dos trabalhadores nem que a vaca tussa". E mexeu. Tem outra frase, Gilberto [Carvalho], que é marcante, que é a frase que diz o seguinte: "Eu não vou fazer ajuste, ajuste é coisa de tucano". E fez. E os tucanos sabiamente colocaram Dilma falando isso (no programa de TV do partido) e dizendo que ela mente. Era uma coisa muito forte. E fiquei muito preocupado.*

---

* Tatiana Farah; Julianna Granjeia, "Em encontro com religiosos, Lula faz duras

O mesmo Lula voltaria ao tema, no dia 29 de outubro do mesmo ano, em discurso de mais de uma hora na reunião do Diretório Nacional do Partido dos Trabalhadores, em Brasília:

> Nós tivemos um grande problema político, sobretudo com a nossa base, quando nós tomamos a atitude de fazer o ajuste, que era necessário fazer [...]. Nós ganhamos as eleições com um discurso e, depois das eleições, nós tivemos que mudar o nosso discurso e fazer aquilo que a gente dizia que não ia fazer. Esse é um fato, esse é um fato conhecido de 204 milhões de habitantes e é um fato conhecido da nossa querida presidenta Dilma Rousseff.*

Quando se pensa que o estopim dos protestos de 2013 foi uma tentativa de aumento de vinte centavos no preço da passagem dos ônibus urbanos, a escola macroeconômica seguida por Dilma a partir de 2015 foi mais que um anticlímax. Parecia mesmo um escárnio. E foi nesse ambiente político, de desencantamento e frustração, que as manifestações de rua, depois da grande eclosão em junho de 2013, prosseguiram em 2015 e 2016. Os índices de aprovação do governo, que saíram das eleições de 2014 um pouco acima dos 50%, entrariam em fevereiro de 2015 com cerca de 23%, com o descontentamento gerado pelas medidas econômicas e a gravidade das denúncias de corrupção, que não paravam, no bojo da Operação Lava Jato. Estava fácil. Se, em ju-

---

críticas a Dilma: 'ela está no volume morto'", *O Globo*, Rio de Janeiro, 20 jun. 2016. Disponível em: <http://oglobo.globo.com/brasil/em-encontro-com-religiosos-lula-faz-duras-criticas-dilma-a-sua-gestao-ela-esta-no-volume-morto-16505697>. Acesso em: 7 jun. 2016.

* Natália Passarinho; Filipe Matoso, "Lula diz que mudança no discurso de Dilma intensificou crise política", G1, 29 out. 2015. Disponível em: <http://g1.globo.com/politica/noticia/2015/10/lula-diz-que-pt-vive-maior-bombardeio-na-historia-do-pais.html>. Acesso em: 7 jun. 2016.

nho de 2013, um grupo inexpressivo como o Movimento Passe Livre (MPL) conseguia pôr dezenas de milhares nas ruas com convocatórias no Facebook, aquele começo de 2015 não ofereceu resistência a outros grupos de igual inexpressividade — mas dessa vez com um imaginário de direita — que tentavam mobilizar novas passeatas, com um apoio discreto de partidos de oposição a Dilma.

Um rio se parte em dois
Um deles vai à direita. O outro...

Em março de 2015, o Brasil voltaria às ruas com decisão e força. Agora, no entanto, o rio estava definitivamente bifurcado: de um lado, no veio mais largo, ficavam os que queriam derrubar o governo federal (e, que ninguém se engane, havia gente de esquerda, embora fosse uma minoria, nessa banda). Do outro, num córrego acanhado, fincaram pé os que defendiam o mandato de Dilma, ainda que com restrições, incontáveis restrições. Os dois lados seguiram com organizações de comícios e passeatas, mas uns não iam mais às manifestações dos outros.

A bifurcação ficou mais nítida em março de 2015. Na sexta-feira, 13, organizações de apoio ao governo convocaram manifestações em defesa da Petrobras. Começava ali uma sequência de atos públicos de grupos aliados ao governo que atacavam duramente o governo. Aquilo era estranho de ver e mais estranho ainda de compreender. A Central Única dos Trabalhadores (CUT), a União Nacional dos Estudantes (UNE), o Movimento dos Trabalhadores Sem-Terra (MST) e outras entidades que tinham se acomodado ao apoio político e material que obtinham em Brasília, passaram a liderar espetáculos discrepantes em si mesmos, quase esquizofrênicos. Seus participantes gritavam "Fora Levy", e como gritavam. Ao mesmo tempo, tentavam ser entendidos como defensores da presidente da República.

Era como se, para ser a favor, fosse preciso ser do contra, num contorcionismo labiríntico que não surtia efeito nenhum — nem contra, nem a favor. Os atos de 13 de março, que defendiam e atacavam o governo federal de uma vez só, ficaram abaixo da linha do fiasco. Em São Paulo, onde se formou a maior concentração do propalado Dia Nacional de Luta, ou Ato Nacional em Defesa da Petrobras, dos Direitos e da Reforma Política, a Polícia Militar contou 12 mil pessoas presentes.

No domingo, dia 15, aí sim, a massa voltou aos protestos, com muito mais gente. Desaguou nas ruas uma multidão com um sotaque de direita, embora, como já foi dito, marcassem presença crítica manifestantes de esquerda, descontentes com a corrupção no governo federal. Somando as manifestações do dia 15 pelo país inteiro, mensurações da Polícia Militar variaram entre 1,4 e 2,4 milhões de pessoas. Em São Paulo, a PM afirmou que 1 milhão de pessoas foram à avenida Paulista. Esse número, porém, logo caiu em descrédito, com a suspeita de que o governo paulista de Geraldo Alckmin, do PSDB, estivesse inflando artificialmente as estimativas para enfraquecer ainda mais a popularidade do governo federal. Quem detonou de vez os números da PM paulista foi o Instituto Datafolha, que, numa contagem mais criteriosa, contou 210 mil pessoas na avenida Paulista naquela tarde de domingo. Mesmo assim, um mar de gente. O Palácio do Planalto sentiu.

A ambiência estética da caminhada vespertina na capital paulista tinha um quê de piquenique. Trazia uma clara novidade ao *mood* das massas insatisfeitas. Era algo totalmente distinto da tensão nervosa e aparentemente descontrolada de junho de 2013. No dia 15 de março de 2015, especialmente na avenida Paulista, o clima era de *promenade d'après-midi*. Trajando camisas da cbf, com o uniforme da seleção brasileira de futebol, os presentes tiravam selfies com os policiais que sorriam. Já não se batiam. Não se estranhavam. Agiam uns em relação aos outros como se estivessem do mesmo lado. Ali estava uma manifestação contra o governo federal, sem a menor dúvida, mas uma manifestação a favor do statu quo.

Também nisso, a fórmula do dia 15 era uma inversão daquela do dia 13 de março. No dia 15, era como se, para ser do contra, fosse preciso ser a favor — da polícia, da ordem, da hierarquia posta entre as classes sociais. No dia 13, as pessoas tentavam dizer que, para o Brasil mudar, era preciso que o governo ficasse. No dia 15, as pessoas tentavam dizer que era preciso tirar o governo para que as coisas continuassem como sempre foram. Se não iguais, quase iguais. Era preciso tirar os ladrões de Brasília. Essa seria a única mudança.

Dilma perdia — perdia muito — dos dois lados. Perdia com as duas fórmulas. Os que diziam apoiar seu governo queriam quebrar a coluna vertebral de seu governo: a política econômica. Os que diziam querer derrubar seu governo queriam manter a política econômica que ela até tentou implementar, mas não conseguiu de jeito nenhum. E Dilma tinha, ainda por cima, o problema dos ladrões.

O ego, o self e o pau de selfie
É que Narciso acha chato o que não é smartphone

Para além das leituras mais estritas, o 15 de março de 2015 foi uma celebração narcisista e autocontemplativa. Todo mundo posava para fotos o tempo todo. Para quem guardava na lembrança não apenas os protestos de junho de 2013, mas as passeatas dos anos 1970, era um contraste chocante. No final daquela década, os estudantes evitavam ser fotografados nas passeatas. Temiam, e com razão, a presença de policiais que, com uma câmera na mão, só tinham na cabeça a ordem de fichar os rostos para os arquivos da repressão.

Naquele tempo, identificar um rato disfarçado de fotógrafo não era difícil. O cabelo aparado, os trajes de bancário caxias e a falta de intimidade no manuseio do equipamento davam bandeira. Eram intrusos num tempo em que fotos e manifestações eram categorias incompatíveis. Ninguém estava ali para fazer pose.

Em 2015, fotos e manifestações se reconciliaram e se fartaram umas das outras. Deram-se ao desfrute apaixonado, desejando-se em pulsão escópica e furor estroboscópico. Antes, os manifestantes preferiam o anonimato; em 2015, fugiam dele.

Apresentavam-se paramentados para a ocasião, disputando a atenção dos cinegrafistas, que se entregavam a contorcionismos em busca do ângulo mais sensual da efeméride, como se clicassem — para invocar o verbo em voga — um ensaio de moda para uma revista de estilo. O figurino de passeata contra Dilma em 2015 já era bem definido. Executivos, milionários e burocratas médios, fantasiados de jogador da seleção brasileira, apontando os celulares para lá e para cá, desfilavam descontraídos e frugais. Os protestos escorriam num corso cívico-carnavalesco, num concentrado de pura imagem, mas imagem de carne e osso. Nesse ponto, as passeatas pelo impeachment lembravam a conformação linguística do Orgulho Gay e da Marcha para Jesus, cujos temas são opostos, mas cuja natureza é idêntica, natureza linguística e natureza estética.

Vista por esse ângulo, a *promenade d'après-midi* de 15 de julho de 2015 reafirmava o mesmo culto da imagem que, com outras conotações, já era inequívoco em junho de 2013. O conteúdo nem era assim tão coerente — como era nas passeatas dos anos 1970. Mesmo depois da bifurcação do rio dos protestos, que dividiu em cursos distintos os petistas de camisa vermelha de um lado e os coxinhas de camisa amarela de outro, mesmo no 15 de março de perfil mais conservador, mais tucano, mesmo aí não havia consistência entre as diversas palavras de ordem. Uns pediam intervenção militar, outros clamavam por impeachment e outros preferiam a renúncia de Dilma. Todos bradavam contra a corrupção, mas não contra corruptos que não fossem do PT. Havia bandeiras antagônicas trafegando lado a lado, que tinham em comum o ódio contra Dilma, Lula e o PT. Acima disso, tinham em comum a vontade de aparecer, o desejo de virar imagem, a certeza bruta de que ser imagem é a única forma de ser.

Em outras palavras, acreditavam que ser imagem era a única forma de fazer história. Convocados pelo picadeiro da pátria, abnegados exibicionistas desfilavam diante das câmeras seus predicados visuais. Foi então que imperou o indomável, o venerável, o inigualável pau de selfie. Graças aos préstimos dessa nova ferramenta do olhar, o fotógrafo e o manifestante se fundiam, eriçados, numa só persona. Clicar e posar se tornava um único verbo, um verbo de ligação. O sujeito que fotografava e o sujeito que era fotografado passavam a ser um só, uno e indivisível, claro. Olhar e ser olhado virava a mesma coisa.

Foi o que se deu naquela tarde de domingo, mas é o que se dá o tempo todo à nossa volta. Nunca antes na história deste país, ou, sejamos menos modestos, nunca antes na história da humanidade, o narcisismo reinou tão imperioso sobre todos os espaços. Nunca esteve tão no centro e, simultaneamente, jamais alcançou fronteiras tão longínquas, nunca dantes alvejadas pelo olhar. O narcisismo brilha como o Sol e, também, nos emoldura como a abóbada celeste. O narcisismo é a forma presente do ego, e o pau de selfie é a sua mais completa projeção.

Pelo pau de selfie, o ego contempla a si mesmo num retrovisor e fotografa a si mesmo. O pau de selfie simula o olhar de um outro, mas um outro que não existe. O sujeito faz as vezes do outro para contemplar seu próprio deslumbramento, na esperança de ser visto por milhões de outros que, por sua vez, farão as vezes de ondas gravitacionais se expandindo do mesmo ego.

E tome pau de selfie, pau de selfie para todas as taras. Existem paus de selfie telescópicos, que veem o ego de longe; existem paus de selfie mínimos, que veem o ego de pertinho. Com seus tamanhos virtualmente infinitos, o pau de selfie é o suprassumo de todos os símbolos fálicos que o precederam. Flechas, canetas, charutos, obeliscos, minaretes, foguetes, campanários, mísseis, obeliscos, arranha-céus, espadas, que nada. O pau de selfie é o falo que se olha no espetáculo do mundo. O pau de selfie transformou o mundo inteiro no espelho de seu dono. Há gente que morre tirando foto com pau de selfie. Há gente que cai de penhascos, de prédios, de pontes. O pau de selfie vale mais que a vida.

E as passeatas daquele 15 de março, não só em São Paulo, mas em todo o Brasil, celebraram o arrebatamento das multidões por eles, pelos paus de selfie de todas as modalidades; foram a apoteose do narcisismo. Governo Dilma, PT, Lula, petrolão, ora, isso foram meros precipitadores. Com o advento expansível do indefectível pau de selfie, a contestação política virou um roteiro turístico, um tour a pé, um pacote de aventura a ser consumido pelo sujeito carente de olhar, em imagens que depois irão enfeitar uma tela de computador ou do celular, como uma visita ao Louvre, uma pescaria, uma noitada vã. Com paus de selfie a dar com pau, as passeatas de 15 de março — e as seguintes — proporcionaram gozo imaginário em sessões narcísicas de relaxamento asséptico. Iriam, mais tarde, derrubar o governo, mas nunca ousaram quebrar — e jamais quebrarão — a redoma espelhada de que se tornaram prisioneiras.

O muro de Brasília
A alma nacional assume a forma de uma cicatriz que segrega

O que o dia 15 de março de 2015 deixou patente é que uma passeata não pode conquistar uma avenida da qual já é proprietária por privilégio. Vista por aí, ela se esvazia de tensão dramática, parece uma natureza-morta. O congraçamento das tropas da PM com as famílias abastadas e com os altos executivos em trajes de clube de campo lembrava o astral dessas festas de firma que os gerentes de RH organizam no final do ano, em que os acionistas majoritários dão tapinhas no ombro do pessoal da limpeza e comentam por dois minutos a escalação do Corinthians.

Como cena política, a confraternização não tinha graça nenhuma, suspense nenhum, emoção nenhuma; mas causou um estrago definitivo. Isso porque, embora fosse a favor da hierarquia da sociedade de classes, dos códigos ordenadores do espaço urbano, ela mostrou que a classe média queria Dilma bem longe do Palácio da Alvorada. E Dilma não tinha resposta, assim como não tinha mais rumo nem esperança. Em sua defesa, as manifestações de dois dias antes, a sexta-feira, 13, que não arregimentaram gente suficiente para se comparar às multidões que sairiam às ruas do país no domingo, 15, também não tinham graça nenhuma, tensão dramática nenhuma. Eram procissões de funcionários de camiseta vermelha, com ar de quem estava lá a trabalho, com coreografias burocráticas e oficialistas. Ainda que tentassem disfarçar o governismo patrocinado, gritando palavras de ordem contra o ministro da Fazenda, não conseguiam espanar de si um asfixiante mofo chapa-branca, a aparência embolorada típica das corriolas de eleitores de cabresto, garroteados a troco de um par de sanduíches, como as plateias pagas dos programas de auditório. Foi um período de passeatas vastas e gastas. O grau de espontaneidade das marchas vermelhas pró-Dilma era zero. O grau de vocação transformadora das manifestações pró-impeachment era nulo. Os vermelhos eram apenas chatos. Os coxinhas eram apenas chochos.

Só o que poderia gerar um curto-circuito — e alguma emoção — era a hipótese improvável de os dois rios se encontrarem de novo. Aí, sim, as veias da violência poderiam se abrir de novo, desta vez em tragédia. Os ânimos se polarizavam, mas a prudência, mesmo que exígua, deu conta de mantê-los apartados.

Os recursos estéticos de um lado e de outro não ultrapassavam a anodinia. Chegou a parecer que as manifestações iriam desaparecer de cena por falta de inspiração. Os grupos de oposição ao governo tentavam conclamar novos comícios, mas fracassavam. No dia 7 de setembro de 2015, produziram um protesto pífio. Rarefeitos manifestantes afluíram à Esplanada dos Ministérios, em Brasília, para apresentar aos repórteres fotográficos uma boneca de plástico representando Dilma Rousseff. Eles a chamaram de "Pixuleca". O artefato de treze metros de altura era um balão de gás na forma de uma caricatura da chefe de Estado com vestidinho vermelho e nariz de Pinóquio. Os fotógrafos, entre bocejos, cumpriram a sua parte.

O balão de Dilma tinha a pretensão de ser uma crítica política divertida, satírica e engraçada, mas era apenas balofa em forma e conteúdo. A Pixuleca vinha para fazer par com o Pixuleco, que fora lançado pouco antes: um boneco inflável em forma de um Lula estufado com barba cinza, olhos abobalhados e roupa de presidiário. Este, sim, conseguiu gerar alguma indignação entre os aduladores do ex-presidente. O nome da coisa, Pixuleco, era tirado do termo carinhoso usado por um ex-tesoureiro do PT para se referir à propina que distribuía aos corruptos que subornava. O uso de um substantivo oriundo do léxico da ladroagem para caçoar da pessoa de Lula irritou a turma da camiseta vermelha. Houve incidentes de animosidades entre uns e outros, mas nada sanguinolento.

Quanto à pobre Pixuleca, murchou tão logo fez o seu *début* no feriado nacional; foi um malogro completo, rápido e rasteiro. Nem mesmo como caricatura a figura de Dilma conseguia se manter estável. Àquela altura, parecia mesmo que os protestos de rua contra a presidente da República também iriam murchar, como balões de gás. Os bonecos de plástico, que tentavam ser a graça balouçante de uma temporada sem graça, retratavam apenas a imaginação de seus criadores; eram egos inflados, cheios de si, e sem lastro; uma bolha de sabão.

Então, no dia 13 de março de 2016, outro domingo, o país veio abaixo. Na maior manifestação de rua já medida na história do Brasil, nada menos que 3,6 milhões de pessoas nas ruas gritaram "Fora Dilma", em mais de trezentos municípios.* Não havia mais como segurar.

* O número foi calculado pelo site G1, das Organizações Globo, com base nas estimativas realizadas pelas polícias militares dos estados. "Manifestantes fazem maior protesto nacional contra o governo Dilma". G1, São Paulo, 13 mar. 2016. Disponível em: <http://g1.globo.com/politica/noticia/2016/03/manifestacoes--contra-governo-dilma-ocorrem-pelo-pais.html>. Acesso em: 18 jun. 2016.

No dia 17 de abril de 2016, em uma sessão especial, num domingo, a Câmara dos Deputados avançou noite adentro para votar pela admissibilidade do processo de impeachment contra Dilma Rousseff. Foram 367 votos favoráveis e 137 contrários, além de sete abstenções e duas ausências. Os parlamentares votavam para as câmeras de tv. As principais redes nacionais de televisão aberta, como Globo, Band e Record, transmitiram a sessão ao vivo. O espetáculo burlesco se instalava no plenário da Câmara dos Deputados, onde representantes do povo invocavam Deus a cada voto, elogiavam torturadores, soltavam confetes, se abraçavam, saltitantes, e usavam a bandeira nacional como echarpe ou como capa de Superman.

    Do lado de fora, na Esplanada dos Ministérios, no gramado em frente ao Congresso Nacional, as manifestações marcavam presença. Do lado esquerdo, o mesmo do Palácio do Planalto, perfilavam-se os cidadãos uniformizados com camisetas vermelhas, defendendo o mandato da presidente. Do lado direito, o mesmo do Palácio do Itamaraty, juntaram-se os que trajavam a camisa amarela da seleção brasileira de futebol, e que faziam barulho a favor do impeachment. Entre um grupo e outro, uma cerca gigante cortava longitudinalmente a esplanada, para impedir o contato físico entre as duas turmas. O governo do Distrito Federal, temeroso de que refregas e pontapés estragassem o domingo, mandou a polícia erguer o muro de Brasília. Naquele dia não os manifestantes, mas o muro continha a alma nacional.

    No dia 12 de maio de 2016, o Senado Federal finalmente instalou o processo de impeachment contra a presidente. Foram 55 votos a favor e 22 contra (três senadores não compareceram à sessão. Dilma foi afastada de suas funções de chefe de Estado e chefe de governo para se defender no julgamento previsto para se estender por seis meses. O vice, Michel Temer, assumiu o poder interinamente.

Os protestos, indiferentes a esse calendário, continuaram. Até o dia em que este parágrafo foi escrito, oscilavam entre investidas heroicas e figurações patéticas. Entre 2015 e 2016, além das multidões que deram o ultimato à presidente da República, houve outros episódios marcantes, por exemplo: adolescentes da rede pública de ensino médio, em vários estados da União, foram às ruas em massa, concentraram-se diante de palácios do poder e ocuparam escolas ameaçadas de fechamento. Derrubaram um secretário da Educação em São Paulo e conseguiram dar visibilidade ao abandono em que agonizam as salas de aula nas escolas públicas. Foi um capítulo de emoção para os meninos e meninas que marcharam juntos. Foi também um capítulo de efetividade política.

Entre maio e junho de 2016, viu-se também um exemplo oposto: alunos da Universidade de São Paulo, em grupos ínfimos e isolados, invadiram prédios de unidades que não estavam ameaçados de fechamento, em correrias sem reivindicações claras, como crianças montando cabaninhas na sala de estar de papai e mamãe. Alguns trajavam jaquetas verde-oliva e calças com padrão de camuflagem de selva. Talvez se imaginassem protagonistas de uma cruzada guerrilheira contra o Titio Sam e o capital demoníaco. Não faziam nenhuma política, mas, em suas fantasias psíquicas, viveram dias de adrenalina ideológica e vã. Fruíram de sua estética contestatória e oca, posando de heróis em sua figuração narcísica, confinada em si mesma.

O prazer da batalha não se oferece em folguedos de final de semana. O prazer da batalha costuma cobrar de seus adictos um pedágio mais trágico, mais mortal. Há um trecho de *Lawrence da Arábia* (filme clássico de David Lean, lançado em 1962) em que, numa reunião com líderes beduínos, Lawrence (Peter O'Toole) tenta convencer o xeique Auda abu Tayi (interpretado por Anthony Quinn) a tomar o porto de Aqaba. O xeique resiste ao convite, e Lawrence parece a ponto de jogar a toalha. "Meus amigos, estamos aqui fazendo papel de bobos", diz ele, quase resignado. "Auda não virá conosco para Aqaba. Não por dinheiro." Auda abu Tayi limita-se a grunhir, irritado: "Não". Lawrence prossegue: "Não por Faiçal [líder nacionalista árabe, que seria rei do Iraque entre 1921 e 1933]", ao que Auda segue concordando, rabugento: "Não". O britânico prossegue: "Nem para expulsar os turcos". Auda fica a escutá-lo, agora sem reação. Aí, Lawrence desfere seu xeque-mate. "Ele virá porque esse é o seu grande prazer." Auda abu Tayi registra o golpe e olha para o seu interlocutor, incrédulo, e pronuncia um desaforo. Na cena seguinte, lá estão os dois, exultantes, marchando armados, com tropas, rumo a Aqaba.

Não estamos falando de quaisquer personagens de um filme de Hollywood. Auda, Lawrence e Faiçal foram convertidos em tipos cinematográficos e, nessa roupagem, alcançaram o estrelato, mas, antes disso, Auda, Faiçal e Lawrence foram gente de carne e osso. Essa gente existiu pra valer. Lawrence, especialmente, tinha um vício incurável pela aventura e reconhecia um semelhante à distância. Sabia que o prazer de seu interlocutor não brotava de idealismos vagos, mas do calor mortífero da batalha. Que dinheiro, que nada. Ódio contra os turcos? Ora, isso era, no máximo, um pretexto. Lealdade a Faiçal? Talvez, mas não era por isso que Auda amava o combate. Para ele, o gosto de viver só ganhava intensidade quando duelava, na iminência da própria morte.

Esse tipo de prazer não se tece na trama delicada das fantasias imaginárias. Estas são indispensáveis, por definição, pois são elas que estruturam as narrativas interiores que cada um carrega sobre si mesmo — mas não são elas que acendem o prazer físico do guerreiro vocacionado, que só vibra de verdade quando investe a carne do corpo contra a lâmina do real. É um jogo de gente grande.

Para certos black blocs brasileiros, assim como para alguns dos universitários que se comprazem em estender um colchonete para passar a noite no salão nobre da reitoria, a diversão não custa tão caro. Nem sequer o risco de tirar nota baixa no final do semestre eles enfrentam. Para eles, o protesto é artefato que aciona a fantasia interior, como se fosse um parque de diversões. Quanto mais inócuo o parque, mais excitante será a fantasia.

Que ninguém se apresse a dizer que os black blocs infantis e os piqueteiros café com leite estão errados; não se trata disso. Eles apenas protestam, como os demais. Na era do espetáculo, em que tudo é representação, até isso está valendo. A brincadeira infantil também funciona. A máxima futilidade hedonista, inconsequente e vazia, cabe dentro das mais avassaladoras vagas de insubordinação e de revolta. Um adolescente, hoje, não precisa se alistar na revolta árabe da Primeira Guerra para tomar sua dose de emoção forte. O preço que ele paga, atualmente, é bem mais baixo. Não é tão definitivo. Ele pode jogar um coquetel molotov contra uma agência do Banco do Brasil no final da tarde e, às onze da noite, ir tomar ecstasy na balada mais próxima. A volatilidade das redes sociais deságua nas ruas e delas evapora, em questão de minutos, com tudo o que as duas têm de efêmero e transitório. O ponto novo é que essa volatilidade, quando se materializa e ganha sentido no coração dos povos, derruba o chefe de Estado.

A forma bruta dos protestos zomba do analista porque combina extremos que se negam sem se anular. Sua estética pode ser fútil e fulgurante, assim como pode ser letal. Sua violência fará novas vítimas, algumas inocentes, como um estudante curioso apedrejado ao acaso, e outras simbólicas, como uma presidente da República sem repertório para entender o cerco que a confina. Quando forem inocentes, serão pranteadas às pressas. Quando forem autoridades, terão conhecido uma forma bruta de justiça, inapreensível a seus olhos e implacável em seu destino.

Conclusão em gerúndio

Em 2013, a estética das ruas em protesto ocupa as passarelas de Paris. De 2016 em diante, as ruas são passarelas à espera da fúria não resolvida

Tropéis de extrema direita que pleiteiam a volta dos militares para dar um jeito no Brasil. Procissões sindicais uniformizadas de vermelho que repudiam o processo de impeachment que afastou Dilma Rousseff da chefia do Estado. Gritarias coletivas contra o estupro. Marcha para Jesus. Parada Gay. Panelaços. Manifestações contra a falta de água em São Paulo. Os protestos são uma linguagem a mais na rotina urbana, de qualquer que seja o ideário, mas, quando comparados à explosão de junho de 2013, parecem uma caricatura inofensiva. Haverá uma recidiva de iguais proporções? E quando?

Em lugar de cravar uma resposta categórica, seria mais fecundo recapitular as ideias que foram trabalhadas ao longo deste livro e que podem apontar mais de uma resposta.

Não há de ser demais lembrar que, a exemplo da violência dos protestos, a violência do Estado também opera como linguagem. Quando a tropa de choque age, age como porta-voz do signo da ordem, no discurso plúmbeo do monopólio da força. A violência pode ser abastecida pela linguagem, gestada no ventre da linguagem e, nesse ponto, a tropa de choque — ou, de modo mais amplo, o exercício da força bruta pela violência estatal — é imbatível não só como repressão, mas também como expressão. Nas formas de representação espetacular dos meios de comunicação, que vêm fazendo escola especialmente nos telejornais, a violência como *linguagem* corre solta — seja a que vem dos que protestam, seja a que vem dos que os reprimem — e se oferece aos olhos como entretenimento que se retroalimenta.

Neste ponto, somos levados a admitir uma constatação incrível. Quando lançou sua obra célebre, *A sociedade do espetáculo*, em 1967, Guy Debord imaginava que a consciência revolucionária dos trabalhadores e das massas iria derrotar o capital revivido em espetáculo. Não apenas imaginou como escreveu:

> A consciência do desejo e o desejo da consciência são o mesmo projeto que, sob a forma negativa, quer a abolição das classes, isto é, que os trabalhadores tenham a posse direta de todos os momentos de sua atividade. Seu contrário é a sociedade do espetáculo, na qual a mercadoria contempla a si mesma no mundo que ela criou.*

Como refletir com base nesse postulado hoje, quando os protestos, em sua forma bruta, não são o contrário do espetáculo, mas o seu prolongamento? Debord escreveu que os conselhos operários derrubariam a ordem do espetáculo. Para ele, conselhos operários, internacionalmente estabelecidos, seriam capazes de suplantar qualquer outro poder.** A organização revolucionária, como a dos soviets de 1905 e 1917 na Rússia, venceria ou, mais do que isso, constituiria a única força capaz de vencer o capital e o espetáculo, que são gêmeos.

* Guy Debord, op. cit., p. 35.
** Ibid., p. 83.

Incrível, nada menos que incrível. A intuição poderosa de Debord sobreviveu a cargas de críticas complexas e bem urdidas com o objetivo de descartá-lo das bibliotecas. Seus aforismos, que descortinam o modo de funcionamento do espetáculo — modo de produção de imagem e de capital —, seguem intactos, vivos, luminosos, como um flanco da razão de onde se vê com perfeição a engrenagem que aliena, explora e oprime. Já o receituário de combate que ele prescreveu, este não sobreviveu. Perdeu-se no tempo em que os protestos aprenderam a falar a língua do capital e a língua do fetiche da mercadoria e trouxeram para dentro de si mesmos as contradições da sociedade que teriam pretendido transformar. Nas passeatas dos militantes que imaginam combater o capital, fulgura o fetiche da mercadoria, sem que eles se deem conta. Diante de tal complexidade vertiginosa, as receitas de luta preconizadas por Debord, receitas que reeditavam ressequidas fórmulas leninistas, viraram pó.

Nas vitrines, na televisão ou nas ruas, o espetáculo das sensações não tem pruridos programáticos. Enaltece um lado e o outro também. Elogia a estupidez dos militares e o romantismo inculto dos black blocs fúteis, enquanto os apresentadores de telejornais se esforçam para condenar a violência, com palavras vazias. Tanto a tropa de choque quanto os adolescentes de rosto mascarado aprenderam, por adestramento, a falar a língua do entretenimento das telas eletrônicas. Para os primeiros, reprimir é fazer pose para as câmeras do entretenimento. Para os segundos, também. Sob esse prisma, são uns equivalentes aos outros.

Os signos audiovisuais dos programas jornalísticos de TV incorporaram efeitos de sonoplastia do cinema de Hollywood e se valem de fundos musicais para realçar emanações melodramáticas, sem se incomodar de flertar com o brega e de abraçar o mau gosto. Em junho de 2013, esses programas intensificaram o alto contraste das chamas e dos vidros partidos nas ruas.

Este livro procurou apontar que, muitas vezes, sobretudo no início da cobertura televisiva dos protestos, abriu-se uma clivagem, uma contradição exasperante entre os significados das imagens e os significados das palavras. As imagens, talvez inadvertidamente, glamorizavam a mística das rebeliões juvenis, enquanto as palavras, peremptórias, estipulavam reprimendas. É como se as primeiras fossem o coração (que "tem um sereno jeito") e as segundas fossem as mãos duras (prontas para "o golpe duro e presto"). As câmeras (o coração) idolatravam aquilo que, nos microfones, os apresentadores rejeitavam com palavras duras ("a mão cega").*

Essa tensão linguística não se esvaiu em 2013. Ela permanece. A aura do rebelde adolescente está aí, solta, à espera do ator que melhor a interprete para fazer arder o desejo dos semelhantes. O mesmo vale para o estereótipo dos repressores, cujo apelo está à deriva, à espera dos aventureiros. Haverá quem aplauda.

Há demanda para a repressão. Há linguagem a gestá-la. Ainda quanto às palavras, lembremos que houve uma nítida relação de obediência entre a grita dos editoriais dos diários paulistanos e a performance abrutalhada dos policiais militares, que espancaram gente desarmada nas ruas. Este livro anotou o dia: 13 de junho de 2013. Os editoriais dos dois maiores jornais de São Paulo, pela manhã, pediram ordem. À tarde, a tropa bateu nos manifestantes sem piedade. O corpo quente dos protestos foi alcançado pela força ordenadora das palavras, que atuaram como moduladoras da carga repressiva. O destempero das bombas de gás, dos cassetetes e das balas de borracha deu tradução material (em ato) às palavras duras dos diários. As ruas se tornaram a página sobre a qual se escreveu o discurso da ordem. A violência se alastrou como linguagem, como a execução célere que não espera secar a tinta da caneta com que o juiz assinou a sentença.

* Trechos de "Fado tropical", de Chico Buarque.

Há outro aspecto a se levar em conta. O estrondo que se projetou da colisão entre manifestantes e a força pública resultou do choque entre duas temporalidades que se bateram sem se compreender. Não deixemos isso de lado.

A linguagem opera recortes de ordem temporal para se estabelecer como código. A duração de uma nota musical, marcada no metrônomo posto em cima do piano, é um exemplo de recorte temporal da linguagem. Outro exemplo é o intervalo de silêncio que se observa entre uma interpelação e sua resposta, a ser dada pelo outro. A linguagem obrigatoriamente secciona o tempo linear, seja na música, na montagem de um filme ou na sequência de evoluções e de palavras de ordem no fluxo das passeatas que se estendem, como frases, pelas avenidas, como se fossem pautas de um caderno.

Sempre a linguagem joga com recortes temporais. Para haver compartilhamento de sentido entre um falante e outro ou dentro de uma comunidade linguística, é preciso que o sentido dos recortes temporais (como na distinção entre uma vogal longa e uma vogal curta) seja assimilado por todos. Quando as temporalidades não coincidem, elas edificam barreiras que os signos não conseguem atravessar.

Este ensaio também tratou disso e tentou indicar o instante do estrondo que resultou do choque entre duas temporalidades. O estrondo aconteceu quando a temporalidade das ruas (a temporalidade da sociedade civil, que já pulsa em conformidade com as tecnologias digitais) abalroou a temporalidade do Estado. As duas se estranharam e se repeliram. Não eram compatíveis porque pertenciam, cada uma delas, a linguagens que não se conversavam. A incompatibilidade de temporalidades entre o Estado e a sociedade — duas ordens distintas que não se reconhecem e nem sequer se divisam como alteridades possíveis — teve a intensidade da colisão entre duas placas tectônicas. O que se mostrou aí, se quisermos, foi um abalo perfeitamente extralinguístico, uma trombada que a linguagem não tinha como resolver.

A partir desse ângulo, o Estado (formatado pela instância da palavra impressa) se revelou ainda preso a ritos e processos lentos, que recepcionam muito mal, quando recepcionam, as redes interconectadas da era digital (próprias da instância da imagem ao vivo), definidoras da nova temporalidade da esfera pública (nos termos de Habermas).

Esse descompasso temporal esteve no substrato de junho de 2013, cujas energias transbordaram sobre as ruas à medida que não tinham mais para onde escoar. A rigidez do Estado ficou anacrônica muito rapidamente, o que se deu a ver em sintomas que afloraram (em outros países também) e que mostraram que o conceito mesmo de Estado carece de uma atualização. Em outras palavras, a teoria geral do Estado deverá reavaliar as temporalidades que pressupõe.

A violência dos protestos explicitou, ainda — mais da parte dos manifestantes do que da parte dos policiais —, uma linguagem acrescida de uma aparente estética performática, na qual o radicalismo político se expressou como malabarismo incendiário. Teríamos aqui, não sem uma fagulha irônica, um esquerdismo eletrocircense, espetacular. No auge de junho de 2013, essa encenação performática de contestação imantou as objetivas e os holofotes, e ocupou não apenas os espaços públicos como espaços físicos, mas também os espaços públicos como telas eletrônicas. De modo mais amplo, tanto os manifestantes ditos pacíficos como os menos pacatos, ditos vândalos, adquiriram, nas formas de representação da indústria do entretenimento (e, aí dentro, nos programas jornalísticos acrescidos de toda sorte de efeitos especiais) o estatuto um tanto suspeito de fragmentos de obras de arte.

Na era do espetáculo, como foi visto neste estudo, *toda* mercadoria circula como se fosse arte, na medida em que circula como uma imagem capaz de prometer respostas imaginárias para dar sentido a sujeitos que perambulam em busca de sentido. Industrialmente fabricada, a imagem ganha uma espécie de aura sintética. Como toda imagem só circula como mercadoria, e toda mercadoria só se consuma na ponta final como imagem, a imagem dos protestos circulou e se instalou no olhar como a imagem de uma mercadoria. Em síntese, circulou como fetiche. Nem a imagem dos protestos poderia escapar a essa lei geral do espetáculo.

Vimos também que a imagem dos protestos, ou as muitas imagens dos protestos, se infundiu do que Lacan chamou de valor de gozo, como ocorre na confecção da imagem da mercadoria. As passeatas de junho de 2013 instauraram no imaginário social uma nova ordem de objetos de desejo, logo, não foram vividas diretamente, mas como representação; ganharam corpo como aglomerações de estilhaços estéticos; no bojo de energias represadas, inundaram as ruas por não ter mais para onde fluir. Depois, essas energias se desfizeram em novos estilhaços estéticos, entre gozo, frustração, amargor, boniteza e violência, e seguiram deslizando sem que se saiba direito para onde apontam no futuro. Suas influências estéticas são erráticas. Seu impacto político, duvidoso. Sua carga bruta parece ter sido arrefecida, mas nada garante que não voltará a entrar em erupção em breve, em novas cenas de surpresa e dor.

O que ficou de junho? O trauma dos governantes, sem dúvida; a prova cabal das incompatibilidades entre a temporalidade do Estado e a temporalidade da sociedade, por certo; a constatação de que o desejo preside as mobilizações, mais que a mera necessidade; ficou também, é bom não esquecer, um desfile de moda em Paris. No dia 30 de setembro de 2014, o estilista Karl Lagerfeld, da Maison Chanel, lançou a coleção primavera-verão de sua grife num desfile atípico no Grand Palais. Em vez de deslizar em silêncio, como sempre fazem, com sua postura de autômatos narcotizados, as modelos portavam cartazes feministas numa mão, um megafone na outra, e gritavam palavras de ordem. O fetiche de suas indumentárias foi sintetizado com base na forma bruta dos protestos. E então? Moda é estética? É linguagem? É protesto? Ou são os protestos que são moda? Para terminar, voltemos aos estádios de futebol — por onde, aliás, este livro começou. O primeiro capítulo, "O prazer do insulto público", lembrou que, no dia 12 de junho de 2014, na Arena Corinthians, em São Paulo, na solenidade de abertura da Copa do Mundo, a então presidente da República, Dilma Rousseff, foi xingada em coro. Um ano antes, no dia 15 de junho de 2013, o estádio "Mané Garrincha", no Distrito Federal, na abertura da Copa das Confederações, dedicou vaias ensurdecedoras à chefe de Estado. Eram prenúncios do que estava por vir.

Mais recentemente, em 2016, na noite de 5 de agosto, na abertura dos Jogos Olímpicos, no Maracanã, no Rio de Janeirto, o então presidente interino Michel Temer também ouviu vaias. No meio do espetáculo tecnoperformático preparado por Fernando Meirelles, Andrucha Waddington e Daniela Thomas, um patriótico festival de cores, samba, fogos e projeções eletrônicas, a massa irrompeu em apupos quando, nos alto-falantes, soou a voz hesitante do governante. Temer providenciou para que seu nome não fosse anunciado, mas a massa percebeu que era ele ao microfone e manifestou seu repúdio, que foi curto mas contundente. Terá sido mais um prenúncio?

Pelo sim, pelo não, Michel Temer se esquivou de comparecer ao encerramento das Olimpíadas no Brasil, na noite de domingo, 21 de agosto, no mesmo Maracanã. Dez dias depois, na tarde de 31 de agosto, o Senado Federal cassaria definitivamente o mandato de Dilma Rousseff, depois de um longo e penoso processo de impeachment. Temer seria alçado ao posto de presidente da República, sem mais interinidades. No dia 30 de agosto, protestos em cidades brasileiras, como São Paulo, tiveram de ser reprimidos na base da violência policial.

E agora? Virá ou não virá uma nova onda como a de junho? A ver. No instante em que estas linhas recebem o seu ponto final, uns clamam por novas eleições para presidente, outros não querem nem ouvir falar. Para onde vai o Brasil? Os ônibus urbanos continuam caros e ruins. A máquina estatal continua paquidérmica, tanto em peso como em lentidão. Continua surda. Os hospitais públicos ainda são açougues. Há ladrões no governo, no Parlamento e nas confederações de futebol. A polícia continua matando. A velha política e os políticos velhos estão no poder. Para completar o caldo, a mística primária dos rebeldes e a plástica primitiva dos fascistas andam em alta num Brasil polarizado, intolerante, impaciente. Uma faísca e...

Agradecimentos

Em versão reduzida, o argumento de *A forma bruta dos protestos* apareceu pela primeira vez numa conferência que apresentei no Ciclo Mutações: Fontes Passionais da Violência, organizado por Adauto Novaes, em 2014.* Adauto, líder de um projeto intelectual cujos frutos se estenderão por muitas décadas, estimulou a preparação daquela palestra e, depois, acompanhou a feitura deste livro, que aceitou prefaciar. A ele, o agradecimento primeiro. Os jornalistas João Gabriel Santana de Lima e Karina Leal Yamamoto contribuíram com apontamentos de enorme valor. A

* Este livro incorporou também pontos de vista expostos inicialmente em colunas do autor na revista *Época* e no jornal *O Estado de S. Paulo*, entre 2013 e 2016, e em dois ensaios mais longos: "Carta aos estudantes", publicado em 25 de junho de 2013 na edição 752 (Disponível em: <http://observatoriodaimprensa. com.br/jornal-de-debates/carta_aos_estudantes/>. Acesso em: 30 ago. 2016) e "Passe Livre", publicado em encarte na quinta edição da revista *Zum*, do Instituto Moreira Sales, lançada em 17 de outubro de 2013, comentando ensaio fotográfico da Cia de Fotos (Disponível em: <http://revistazum.com.br/revista--zum-5/passe-livre/?autor=Cia+de+Foto+%26+Eug%C3%AAnio+Bucci>. Acesso em: 30 ago. 2016).

também jornalista Gisele Vitória observou que a estética dos protestos influenciou desfiles de moda em Paris, num episódio que ilustra uma das teses deste ensaio. Outro jornalista, Carlos Eduardo Lins da Silva, sugeriu a leitura do livro de Javier Cercas, *Anatomia de um instante*, fornecendo elementos centrais para um dos capítulos. O doutorando da ECA-USP, Francisco Tupy Gomes Corrêa, ajudou na localização de ícones do universo das histórias em quadrinhos e dos jogos eletrônicos. Ana Paula Cardoso deu um apoio inestimável na revisão dos originais. Maria Paula Dallari Bucci, como tem feito há mais de trinta anos, cobrou substância em trechos de puro éter e cortou os excessos de purpurina. Ao final, Flávio Moura, da Companhia das Letras, cujo trabalho engrandece o significado da palavra "editor", deu toques magistrais.

Crédito das imagens

p. 1 (acima): Victor Moriyama/ Getty Images
p. 1 (abaixo): Nelson Antoine/ AP Photo/ Glow Images
p. 2: Daniel Queiroz/ Jornal Notícias do Dia
p. 3 (acima): Daniel Marenco/ Folhapress
p. 3 (abaixo): Eduardo Knapp/ Folhapress
p. 4 (acima): Marlene Bergamo/ Folhapress
p. 4 (abaixo): Moacyr Lopes Junior/ Folhapress
p. 5: Fabio Braga/ Folhapress
p. 6: Editoria de Arte/ Folhapress
p. 7: Johanes Eisele/ Reuters/ Latinstock
p. 8 (acima): David Fisher/ REX/ Shutterstock
p. 8 (abaixo): REX/ Shutterstock

ESTA OBRA FOI COMPOSTA EM MINION PELO ACQUA ESTÚDIO E IMPRESSA
PELA RR DONNELLEY EM OFSETE SOBRE PAPEL PÓLEN SOFT DA SUZANO
PAPEL E CELULOSE PARA A EDITORA SCHWARCZ EM OUTUBRO DE 2016

A marca FSC® é a garantia de que a madeira utilizada na fabricação do papel deste livro provém de florestas que foram gerenciadas de maneira ambientalmente correta, socialmente justa e economicamente viável, além de outras fontes de origem controlada.